铁血一战

THE FIRST WORLD WAR

徐焰 著

辽宁人民出版社

© 徐焰 2022

图书在版编目（CIP）数据

铁血一战 / 徐焰著 . —沈阳：辽宁人民出版社，
2022.1
ISBN 978-7-205-10278-4

Ⅰ . ①铁… Ⅱ . ①徐… Ⅲ . ①第一次世界大战—历史
Ⅳ . ① K143

中国版本图书馆 CIP 数据核字（2021）第 189595 号

出版发行：辽宁人民出版社
　　　　　地址：沈阳市和平区十一纬路 25 号　邮编：110003
　　　　　电话：024-23284321（邮　购）　　024-23284324（发行部）
　　　　　传真：024-23284191（发行部）　　024-23284304（办公室）
　　　　　http：//www.lnpph.com.cn
印　　刷：北京长宁印刷有限公司天津分公司
幅面尺寸：168mm×235mm
印　　张：14.75
字　　数：150 千字
出版时间：2022 年 1 月第 1 版
印刷时间：2022 年 1 月第 1 次印刷
责任编辑：王　增
封面设计：末末美书
版式设计：一诺设计
责任校对：吴艳杰
书　　号：ISBN 978-7-205-10278-4

定　　价：68.00 元

前言

资本主义争利开启世界性大战

▲

表现奥匈帝国皇储夫妇在萨拉热窝遇一个17岁的塞尔维亚青年刺杀的油画。

1914年6月28日，奥匈帝国皇储夫妇在萨拉热窝视察时，出现了一个偶然事件。一个狂热的塞尔维亚青年开枪刺杀了皇储夫妇，这等于点燃了欧洲火药桶的导火线。一个月后，奥匈帝国经过同德国谋划和准备，于7月28日向塞尔维亚宣战。接着出现连锁反应，德、俄、法、英等国相继投入战争，后来日本、意大利、美国也相继参战，连北洋军阀统治下的中国也对德国和奥匈帝国宣战，第一次世界大战就此开始。

一些长期鼓吹西方文明的人，总是吹嘘资本主义经济和意识形态如何优越。其实回顾一下近代历史，就可以看出欧美虽然在近代工场手工业、蒸汽机和电动机带动的工业革命中占了先机，然而资本主义以争夺利润为中心的理念无法解决国家、民族间的矛盾，第一次世界大战便充分暴露出自诩最文明、最讲人道的西方国家依然要用血腥手段来争斗。这场1914年至1918年进行的导致上千万人丧命的"文明人进行的野蛮战争"，就充分显露了老牌资本主义国家道德观的虚伪和骨子里的凶残。

德国想重新瓜分世界，同英法俄必然有一战

谈到第一次世界大战，了解历史的人只知道是德国军国主义及其帮凶奥匈帝国挑起，其实英国、法国和沙皇俄国同样不是无辜的

善类。自 15 世纪末地理大发现之后，西方文明的发展都是建筑在对亚洲、非洲和美洲的征服和掠夺的基础上，欧美国家之间也不断进行着争霸战争。到了 19 世纪末，当德国这个新兴的强盗进入资本主义列强的"宴会厅"时，发现座位都被那些老牌强盗占了，想要给自己找个位置就会必须与他人拔刀相向。

一次大战前，欧洲列强为缓和矛盾和拉拢盟友，王室间都实行联姻。被称为"欧洲祖母"的维多利亚女皇过生日时，来祝贺的外孙包括各国皇帝，几乎成了欧洲国王大聚会。那时德皇同英皇是表兄弟，沙皇的皇后又是德皇之妹，连丹麦、希腊这些国家的君主也与他们沾亲带故。可是一旦国家间的矛盾引发战争，他们依然六亲不认，照打不误！

▲
维多利亚女王和部分儿孙合影，相当于欧洲君主大聚会。前数左一为其外孙德皇威廉二世，二排左一和左二就是沙皇尼古拉二世夫妇。

绝大多数的战争都是出于经济目的，当年的德国政府代表的是国内大财团的利益。如今人们耳熟能详的奔驰、西门子等品牌，以及近代许多中国人熟悉的克虏伯等公司当年都是驱动德国发动战争的元凶。一次大战时的德国皇帝威廉二世，以及第二次世界大战中的希特勒，其实都是资本巨头利益的代表。

进入 20 世纪后，德国有资格、有能力发动世界大战，恰恰又是

▲
表现大财团鼓动战争和动员军人去卖命的漫画。

以国内迅速发展的经济实力为依托。1870年以前，德意志还是一个地理概念，分为众多小王国和城邦。在这一年内，德意志境内最强的普鲁士王国对法作战获得大胜，俘虏了法国国王拿破仑三世，其他独立的德意志君主国对普鲁士的国王老威廉和宰相俾斯麦是又敬又怕，纷纷表示愿意归附。1871年，威廉一世和俾斯麦在法国凡尔赛宫内宣布德意志帝国成立，德国正式统一。

让人们注意的是，德国统一的仪式是在法国最豪华的凡尔赛宫举行，这本身就有很强烈的扩张主义意味。举行仪式前，普鲁士军队已经占领了法国一半领土，巴黎西郊的凡尔赛宫也成了它的占领区。威廉一世和俾斯麦把德意志各小国的首领都召到法国的凡尔赛宫，正

▶
1871年普鲁士对法国战争获胜后，在其占领的凡尔赛宫宣布成立德国第二帝国。这幅油画表现了各公国、诸侯向威廉一世皇帝欢呼，充满黩武气息。

是为了炫耀自己的军威。普鲁士还挟战胜之威,逼迫法国签订屈辱和约,割让重要的工矿区洛林和阿尔萨斯,并赔款50亿法郎(当时相当于清朝《马关条约》赔款额的4倍),也就此种下一次大战的种子。

过去的世界头号陆军强国法国被德国打得一蹶不振,英国却还是世界头号工业强国和海上霸主。1870年时,大英帝国的工业产值占全世界的三分之一,此时德国的工业产值还只相当于英国的三分之一。德国经过休整,1875年想再次对法国发动战争,但是随后英国马上出动舰队向德国示威,沙俄也发表声明"我们不能坐视法国的毁灭"。德意志军国主义者就暂时收手,在几十年间大力发展经济,成为一个新兴的工业和科技强国。

▲
表现19世纪后期英国走向海洋和完成工业化的油画,德国对此嫉恨不已。

1903年,德国工业产值超过了原先号称世界头强的"日不落帝国"——大英帝国,成为仅次于美国的第二大工业国。19世纪末至20世纪初,德国在电学、光学、热学、医学领域中取得的重大发明数量都居世界首位。西门子公司制造出了第一部大功率直流发电机,首次将机械能转换成了电能,使人类从此进入了电气时代。德国又首先制成有轨电车,卡尔·本茨又最早造出了实用的汽车,后来又创立了扬名世界的奔驰公司。原先享誉全球的名牌产品大都是"英国制造",此时却多数变成了"德国造"。远在东方的清朝政府购买枪炮也不选英法货，看中的也是德国的克虏伯炮和毛瑟枪，当时中国使用的国产"汉阳造"也在使用德国设计的生产线。

德国工业崛起后，却遇到了海外殖民地少、国外市场开拓难的困境。16世纪大航海时代的开拓和19世纪初开始第一次工业革命时，普鲁士没有搭上这两趟列车，被困在欧洲内陆着力发展军事。到19世纪末期，世界已经被列强们瓜分殆尽。此时英国占有3000万平方千米的殖民地，沙俄占有2300万平方千米领土，法国占有1000万平方公里的殖民地。德国除了本土有50多万平方千米，在海外只占领了250万平方千米的殖民地，除中国青岛一地外，其所占的主要是人烟稀少、没有多少资源的非洲贫瘠地区。面对这一状态，德国的工业巨头和政客们都纷纷叫嚷："别国享有大片沃土，德国只拥有空气的时代应该结束了！"

英法俄几百年间掠夺的到口之食，如何肯拱手相让？见德国想重新分赃就必然以武力打压。意大利、日本也来入伙，美国坐山观

德国的漫画，表现它的武士要脚踩英国，并手掐法国（右）和俄国（左），显现了称霸世界的野心。

虎斗后又加入争夺，这就会演变成一场世界大战。

普鲁士黩武主义传统，滋生出德国军界财团的冷酷狂傲

一个面积不大的德国，仅靠同族的奥地利王朝统治的奥匈帝国帮助，就能发动世界大战，除有工业科技做基础，还在于其有着军国主义的野蛮习气和传统的扩张意识。

德国几乎是日耳曼人构成的单一民族国家（国内有少量犹太人却处于受排斥地位），古代的日耳曼人是生活在北欧阴暗森林中的"蛮族"，曾经令强大的罗马帝国恐惧。近代德国没有经历过彻底的资产阶级民主革命，类似自由、平等、博爱和民主等意识在社会上非常淡薄，崇尚强权和野蛮征服的习气一直很盛。在德国的大学里，男生要经常决斗并以脸部受伤为荣，当时社会上有一句名言："脸上没有伤痕就称不上大学生。"

▲

俾斯麦的油画肖像，他出生于普鲁士勃兰登堡的大容克贵族世家。

在德国崛起时发挥了关键作用的首相俾斯麦，仅在大学期间就决斗了 27 次。他刚走上政坛，便在普鲁士议会发表了他那著名的演讲："当代的重大问题不是通过演讲与多数人的决议所能解决的，而是需要铁与血！"因此他被称为"铁血宰相"。

19 世纪后期至 20 世纪前期，德国形成了世界上独一无二的军官团制度，这在世界上独一无二。中高级军官大都出身容克贵族，他

们的子弟从 9 岁起就要被送到少年军校接受斯巴达式的严酷训练，等于是世袭军官。军官到饭店里可以享受酒食半价的优惠，街上的行人见了军官通常要欢呼行礼致敬，德国军官团也形成了世界少见的高傲、蛮横和目空一切的作风，两次世界大战中德国军队那种强悍表现正是这种社会基础所造成。

根据普鲁士军国主义的传统，德国在和平时期就实行普遍兵役制。成年男性要服役 2 年，退伍后要服 20 年预备役，此间每年参加一个月军训，因而根据形势军队可以扩充 10 倍。

从普鲁士腓德烈大帝到德意志第二帝国末代皇帝威廉二世统治的 200 多年间，以穿军装为荣之风在德国盛行，甚至是一个人高贵身份的象征。国王和现役军人在各种场合都是一身戎装，退役者也普遍继续穿军装（预备役人员也发军装），帝国议会召开会议时多数议员也是全副军人装束并挎佩剑参加，未当过军官而出身平民的议员在他们面前都自惭形秽。学校内大多服过役的教师们上课也身

► 德国有黩武传统的容克军事贵族筹划战争的情形。

着预备役军服，连火车站的站长、工头上班时也往往戴着头盔、挎着腰刀，显示自己曾获得过的荣誉。当年人称德国的各个角落都可看见军服色的"普鲁士蓝"，平民尤其是青少年男性对其又有一种狂热的崇拜。

在这种世界上罕见的军国主义文化熏陶下，德国工业界乃至社会基层组织中也有一种别国少有的强悍之风。如著名的军工企业克虏伯公司在西方率先实行军事化管理，强调恪守时间、遵从纪律、执行命令。公司规定早餐是7时整到7时15分，7时16分餐厅就关门，迟到的人整个上午就得挨饿。冬天最寒冷时，克虏伯公司也不许拨旺壁炉，有意把办公室搞得寒气袭人，以免变得无精打采。从克虏伯公司这种世上少有的企业管理之道中，可以看到当年德国人的勤奋，也可以看到军国主义精神的变种。

德国人虽以强悍尚武让欧洲畏惧，却缺少同血缘的有力盟友。邻近的奥匈帝国中，只有奥地利人属于"德意志大家庭"中的日耳曼民族，其他"大杂烩"般的各民族不能齐心协力。德国拉到的另一个盟友土耳其奥斯曼帝国，近代被称为"西亚病夫"，衰弱不堪，其军队经德军教官顾问培训后才多少有点长进。德国虽建立了同盟国，却只能靠自己在军事上单挑大梁，以应对英、法、俄这些邻居"群殴"。何况德国不像对手那样有广阔的国土和海外殖民地，资源极为有限，一旦开战就要速战速决，久拖就会灯枯油尽。

大战之前，过于自傲的德国军方看不起周围的对手。英国作为有贵族传统的老牌帝国主义国家，平时没有征兵制，利用优厚军饷

和爵位吸引招募志愿人员入伍，这样就缺少预备役人员，其海军虽最强却只有很少的陆军。德国首相看到英军镇压南非少数布尔人游击队还受挫后，接受记者采访时甚至嘲笑英国："假如英国军队进攻德国，我将命令警察厅逮捕他们！"

在德国人看来，法国人比较浪漫并追求享乐，虽然靠民族情绪动员并实行了全民兵役制，但是普法战争的结果证明其战斗力实在堪忧。

德国对构成俄国主体民族的斯拉夫人一向鄙视，称其为"劣等民族"，不过也看到其人口众多且有穷兵黩武的好战传统，担心这个靠数量打仗的"蒸汽压路机"从东方碾压过来。随着德国实力的发展壮大，对沙俄轻视感日益增强，尤其是在1905年日俄战争后就不把它放在眼里。

从战略上，俄国历史上只掌握陆权而从未夺取过海权，日俄战争中海军近乎覆没更显出其战斗力低下。其陆军也是外强中干，虽宣布全民兵役制，却因政府行政效率低下导致许多人不肯入伍，加上国内有上百个民族且矛盾重重，虽有世界上数量最多的军队却不是一个强国。德国人通过观察日俄战争，感到俄军连小小的日本都打不过，怎堪强大的日耳曼武士一击？

　　开战后几个对手的实战表现，却大出德国人所料。靠着民族主义煽动和有效的动员机制，列强军队在开战后都迅速扩充，不仅数量占绝对优势且有并不算差的战斗力。德军2个月内就由86万人扩大到530万人，同期法军也由66万人扩大到250万人。英国将志愿兵制改为全民兵役制后，也将军队从24万人扩大到近300万人，接着还从加拿大、澳大利亚、新西兰和印度大量征兵。沙俄虽动员迟缓，开战半年后兵力也增加到600万人（后来还扩大到1000多万）。德国在初期的进攻虽取得一些胜利，却因兵力不足，未能打垮任何一个对手。

　　一次大战被后人称为"堑壕战争"，德国陆军虽然强悍却陷入

两线作战，在西线同英法形成战壕战，在东线也同俄军打成僵局。交战双方主要以炮火和机枪交锋，相当于"绞肉机"，大量士兵生命不断投入铁丝网和战壕之间。英国依靠强大的海军封锁了德国出海口，德舰仅有的一次大出击即日德兰海战也未能达成目标，这导致海外物资难以输入。4年战争中，德国先后动员了1325万人参军，达到人口的19%，外部贸易又基本中断，导致国内生产难以维持。英国、法国征兵虽多于德奥，其中却有不少附属地、殖民地的人，又有广大殖民地供应物资，还能得到世界首富美国的支援，德国同它们拼消耗只能让自己越战越弱。

沙俄在协约国中人口最多，战时共征兵1500万人，占人口的10%，却因生产力水平低下最先出现经济危机，这又导致了其先于德国崩溃。

参战的奥匈帝国由日耳曼、匈牙利、捷克和克罗地亚等十几个民族拼凑而成，有多种语言文字的习俗，没有形成统一的凝聚力。

其大部分军官是日耳曼人，部队中却只有 25% 的人能讲德语。奥地利的官方历史非常坦率地承认，"往往排长本人也不能使他手下的这一堆乱七八糟的人懂得他的话"。奥斯曼帝国也是多民族的"大杂烩"，经济又很落后，作为其主体的土耳其人还多数是文盲，并保持着封建社会状态。这些伙伴帮不了德国多少忙，还要一个劲地求援而成了包袱。

德国的垄断资本巨头和军国主义头目都犯了一个战略上的根本错误，就是野心过大而战争资源严重不足，转入持久战就会资源耗尽。战败后逃到荷兰的德皇威廉二世阅读中国的《孙子兵法》，看到其中"久暴师则国用不足"和"夫兵久而国利者，未之有也"的论点，曾感慨道："我要是早看到这本书，就不会打那场战争了！"

▲
1914 年的列强军力对比图。三国同盟——德意志帝国、奥匈帝国、意大利、塞尔维亚和俄国的兵力对比。从中可见英法俄海军实力相加对德占绝对优势。

海军竞赛和民族沙文主义刺激列强开战

从历史进程看，确实是德国首先挑起世界战争，不过威廉二世皇帝很大程度上是"被逼"开战——内部是军官团和工商巨头强烈要求，外部是英、法、俄这三国日益增大的压力。

近代海军又是西方国家扩张经济利益和争霸的主要工具，大英帝国作为海上霸主所最不能容忍的就是他国海军向自己挑战。德国在1871年打败法国后被公认为世界陆军头强，1898年又制订了发展大洋舰队的计划，准备发展海军赶超大英帝国，英国就必然要联合法俄两国结成反德同盟，进入20世纪后也一再制订发动对德战争的计划。

此时美国有"商贸资本主义"的特点，经济发展偏重广阔的国内市场和美洲市场，没有参加欧洲的争霸，英国未感到它的威胁。美国在欧战末期才参战，在战争中没有多少损失却获利最大，自此顺利取代英国成为世界头号强国，可谓是"鹬蚌相争，渔翁得利"。

战前德国已是世界陆军第一强国，为什么还想当海军头号强国呢？这绝不是威廉二世本人年轻气盛所致，而是由于德国财团需要扩张海外利益，需要从老牌列强英国和法国手中抢夺殖民地，仅有陆军优势自然不行。不过这一"陆海并重"的建军计划有着根本弱点，就是分散了德国有限的力量。英国能集中财力发展海军，法国和俄国主要发展陆军，结果德国海军实力追不上英国，陆军也不能对法国、俄国占有绝对优势。

自从 1907 年英法俄国三国结成了共同对付德国的联
盟（即后来的协约国），就加强了对德国商品的抵制。同
年市场狭小的德国就出现了经济危机，工业产值下降了
6.5%，此前保持的 40 年快速增长就此被倒退所取代。德
国工商业头目与军界头目就此达成了一致性，只有战争才
能解决德国的经济出路。

德国自进入 20 世纪后，在经济发展的竞争中就陷入
停滞的状态，从下表就可看出：

▲

德皇威廉二世穿海
军军装的油画像，
他发展海军争霸的
计划是英国无法容
忍的。

美、英、法、德、日工业生产所占资本主义世界的比重表

	美国	英国	法国	德国	日本
1880 年	28%	28%	9%	13%	…
1900 年	31%	18%	7%	16%	1%
1910 年	35%	14%	7%	16%	1%

当 1905 年以后欧洲两大阵营展开建造无畏舰的竞赛加剧时，英
国海军还率先使用油作为军舰燃料，老牌海军强国又取得了新优势。

此时德国又面临一个新威胁，就是俄国在英国帮助下重振海军
舰队，法国以陆军为建设重点时也建造了一批新型战列舰。1913 年，
英、法、俄这三国的造舰费达 4200 万英镑，同年德国造舰费不足三
分之一。德意志第二帝国头目都认为这样搞造舰竞赛会拖垮自己，
不如先让海军取守势，以陆军优势先打垮法、俄，再集中力量对付
英国。在 1914 年萨拉热窝行刺案发生后，德皇威廉二世找军界和工

▲

20世纪初巅峰时期的英国铁甲舰队，同德国在造舰竞赛中处于优势。

商业巨头询问意见时，主流看法就是"早打比晚打好"！

要发动举国参战，必须看民间意向。德国政府在战前担心过去领导工人运动的社会民主党会鼓动反战，曾计划逮捕其领导人，开战后却发现根本用不着。德国各党派都表现出"举国一致"，在国会的众多社会民主党议员中只有李卜克内西（后来德国共产党的创建人）一个人投反战票。威廉二世皇帝也故意在国内强调："我不知道什么党派，我只知道都是德国人。"

英法等国内部声称代表工人的政党，开战后也都喊"保卫祖国"。1889年成立的第二国际即"社会主义国际"由各国工人政党组成，过去曾达成过联合起来促进"非战"的协议，开战时各国党却纷纷在议会中拥护政府的政策，过去的"兄弟党"成了战争中的仇人。

第二国际的多数工人政党有这种表现，说明各帝国主义国家通过对外掠夺也让本国工人分享了利益，有些工人政党的领导人还成了"工人贵族"，他们同政府形成了利益共同体。

列宁得知原来在第二国际中力量最强的德国社会民主党议员在议会投票中拥护战争，就提出："第二国际已死，第三国际万岁！"此时解体的第二国际各党中，只有列宁领导的俄国社会民主工党的"多数派"（以俄语音译为"布尔什维克"）反对本国政府参加帝国主义战争，因而被沙皇政府认定为非法政党。后来通过惨烈的战祸，俄国人民和欧洲多数人终于认识到布尔什维克的反战主张才是正确的。

第一次世界大战的结果，虽是新强盗败于老强盗，极端疯狂的民族扩张主义却在这场大战中滋长起来，而一个参加德国军队的奥地利志愿兵又是其中的突出代表。

▼
1914 年 8 月，志得意满的威廉二世在皇宫阳台上宣布战争开始，竟得到国内各界欢呼。

当年在慕尼黑的记者曾留下过1914年8月2日的街头镜头，可从中看出拥护扩张主义的人群得知德国对俄国宣战时竟狂热地涌上中心广场，以喧嚣来表达所谓"德意志民族精神"。几十年后有人从当时这幅高清照片中，竟然分辨出人群中有一个留着小胡子的二十几岁的年轻人，那就是游居此处的奥地利无业游民阿道夫·希特勒。

▶
1914年8月2日慕尼黑街头欢呼战争的照片，从中还能辨认出一个青年人即奥地利德意志民族主义者希特勒。

　　这个姓希特勒的奥地利旅德侨民，此时还不是德国籍。经历了在维也纳报考美术学院不成，找工作未遂而形成了极端变态心理，满脑子都是仇恨斯拉夫民族和犹太人的"大日耳曼主义"思想，认为德国和奥地利同为德意志民族应为一体，共同争取在世界上居最优越种族的地位。在街上狂呼的次日，8月3日希特勒立即上书以慕尼黑为首府的巴伐利亚国（这时属于德意志帝国南方的组成部分）的国王路德维希三世，恳求批准自己参军。8月4日，希特勒获准作为志愿兵加入了巴伐利亚步兵第十六团，担任团部负责传令的二等兵。此人经历了四年丧失人性的血腥战斗历练，虽然最后只有下士军衔，却成了一个视生命如草芥的恶魔。在后来的大战中爆发出嗜血的习性，再次以德国的名义给人类制造出可怕的祸端。

1940年6月，德军横扫欧洲迫使法国签订投降书时，纳粹控制的德国媒体便得意地宣布："法兰西战役终于胜利结束了，它进行了26年。"这清楚地说明，希特勒进行的侵略正是在延续1914年一次大战爆发时就开始的对外征服。

Contents

目　录

▲

铁血一战

▲

铁血一战

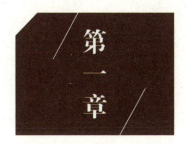

第一章

科技进步
为世界大战
准备了划时代武器

▲

表现第一次世界大战中航空兵同坦克协同形成机械化作战的场面，战争从平面发展到立体。

1914 年夏季之前，欧洲国家之间已经充斥着浓烈的战争气氛，军备竞赛如火如荼。早在 1893 年，法国同沙俄正式形成了针对德国和奥匈帝国的陆上军事同盟。1898 年德国海军大臣提尔匹茨主持制订的海军扩建计划，目标是在 20 年内打造出一支能与英国舰队抗衡的海上力量。19 世纪末至 20 世纪初，人类实现了以电动机、内燃机为代表的第二次工业革命，工业和科技的进步又使战争跨越到一个新时代，战场出现了"三明星"——飞机、毒气、装甲车辆，海军除战列舰更新外又出现了潜艇。过去人类只能进行平面战争，即地面、水面的交战，此时就将进入从地面到空中、水下的立体战争。

第一次世界大战爆发后，立体的三维空间都成了战场。划时代的新武器飞机、潜艇、坦克和装甲车相继登场，生化武器即毒气和细菌也用于作战，人类的战争又进入到了机械化时代。

战列舰建造竞赛时又出现潜艇和载机舰

第一次世界大战爆发前，海军造舰竞赛是英、法、俄阵营与德国出现矛盾的头号焦点。19 世纪后期，重型舰炮、先进的蒸汽机以及冶金技术日新月异使海军有了根本变化，战舰从靠风帆航行变为以蒸汽机运作，船体由木质变为钢制还设有炮台，铁甲舰交锋成了海战主角。

1873 年，英国建成"蹂躏"号战列舰，动力功率超过 5000 马力，成为世界海军史上第一艘纯蒸汽动力战舰，以后各大国建造铁甲舰也基本如此。至 20 世纪初，英国造舰能力仍居世界首位，只是德国的装甲钢板和火炮水平已追赶上来。沙俄因工业水平落后，舰用发动机、优质装甲钢和舰炮却不能自产而需要进口，主力舰号称国产却主要依靠法国机件。

在 1904 年至 1905 年的日俄战争中，日本的主力战舰就是 6 艘从英国新购买的战列舰，单价都在 120 万英镑（折合 700 万两白银或 1000 万日元），使用的是利用《马关条约》从中国勒索的赔款。以"三笠"号为旗舰的该型舰，标准排水量都在 1.4 万吨至 1.5 万吨，各装配 4 门（双座双联）305 毫米口径的主炮，装甲钢质量也属一流。沙俄从法国购买或自行组装的最强的"博罗季诺"级战列舰，排水量为 1.35 万吨，也装配 4 门 305 毫米口径主炮，然而火炮性能、炮弹威力和装甲钢质量都比英制的日舰差。日俄在黄海、对马海峡进

行过两次大海战，俄舰没有击沉过一艘日本战舰，却被日舰大量摧毁，这也说明英国造舰水平比法国要技高一筹。

19世纪后期，鱼雷的出现成为海战装备发展史上最重大的发明之一。几十吨重的小艇也拥有了击沉几千吨或上万吨巨舰的能力，如1895年日本鱼雷艇潜入威海港击沉北洋舰队旗舰"定远"号就创造了这个历史。鱼雷的诞生还催生了潜艇、驱逐舰等一大批新型舰艇的诞生，海军舰艇发展出现了"轻重搭配"——发展装配重炮的战列舰、装配中型火炮的巡洋舰的同时，又要发展装配鱼雷的驱逐舰、鱼雷艇。

各国看到中日甲午战争、日俄战争的实战状况，认为"大舰巨炮"才是海战的决定因素，鱼雷艇之类小型舰艇只是搞偷袭行动的配角。海军力量强弱的主要标志，还是看拥有的万吨级战列舰的数量和质量。1905年日俄战争结束后，世界海军发展进入一个竞相发展新型战列舰即"无畏舰"的阶段，英德两国又成了竞赛的领跑者。德国的海军大臣提尔匹茨获准主持了"大洋舰队"的造舰计划，他的名字一度成为海上竞赛的代表。

1905 年英国开始建造的"无畏"号战列舰，于 1907 年下水，其排水量 1.8 万吨，装配 305 毫米口径的舰炮 10 门（5 个炮塔），时速达 21 节（即 21 海里）。该舰的造价飙升至 200 万英镑。接着英国批量建造此类舰，吨位都超过 2 万吨，被称为"无畏舰"，以往旧式战列舰与之相比都显得过时。

▲
德国海军大臣提尔匹茨的漫画，他手持海神叉，膨胀的野心威胁到英国。

德国看到英国的"无畏舰"，也马上建造 2 万吨排水量的"拿骚"级战列舰，美国则建造"南卡罗来纳"级战列舰，海军就此进入"无畏舰时代"。

英国建造无畏舰时，又建造了一种战列巡洋舰，单价同"无畏舰"

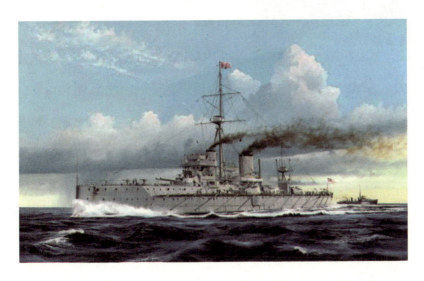

◀
描绘英国"无畏"号战列舰的油画，它的服役开辟了建造无畏舰的海军竞赛。

一样超过 200 万英镑。它的装甲厚度比战列舰薄，吨位和火炮口径却相当，速度却超过战列舰接近巡洋舰。德国在战列舰和战列巡洋舰的建造上都同英国展开竞争，到 1914 年英国建造了 32 艘战列舰、10 艘战列巡洋舰，德国则制造了 19 艘战列舰、7 艘战列巡洋舰。

　　尽管德国海军同英国的差距一度缩小，不过在联盟对抗的形势下，英、法、俄协约国却在总体实力上日益增大了对同盟国的优势。德方唯一的可靠盟国奥匈帝国在 1914 年以前只建造了 4 艘"联合力量"级战列舰，而英国盟友的战列舰数量却增长得更快。

　　法国的军费主要投入陆军，不过从 1908 年起相继开工建造了 4 艘"孤拔"级战列舰、3 艘"布列塔尼"级战列舰，并准备开建新的"里昂"级战列舰。1907 年英俄和解后，英国对俄提供 10 亿卢布（当时 1 英镑折合 8 卢布）贷款，其中一半用于重建日俄战争中已接近覆

▲
表现奥匈帝国海军舰队的绘画，该国大战前只有 4 艘战列舰。

没的海军。俄军通过引进英国的火炮、轮机和装甲钢，在 1914 年已建成了 4 艘排水量 2.3 万吨的"甘古特"级战列舰，还有 3 艘"玛丽娅皇后"级战列舰在建。

　　英、法、俄联盟的造舰数要比德奥联盟多得多，这代表德国对英国的造舰竞赛刚一开始就已输掉。到 1914 年，各强国军舰总吨位如下：

　　英国 271 万吨

德国 130 万吨

美国 99 万吨

法国 90 万吨

日本 78 万吨

沙俄 68 万吨

意大利 50 万吨

无畏舰建造竞赛展开后，"煤改油"的燃料进步又让英舰获得新优势。19世纪末世界石油工业兴起，燃油开始用于舰艇，同煤相比能大大提高航速，而且在载运同等重量燃料时还可成倍增加航程。英国近代海军的奠基人费舍尔在1904年就任第一海务大臣之后，便要求将舰艇燃料从煤向石油转换。

改革往往会触犯既得利益集团。英国海军与煤炭供应商有千丝万缕的密切联系，许多高官就借口本国有着世界最好的优质煤却不产石油，使舰艇"煤改油"拖了几年未定案。1911年，仅37岁的温斯顿·丘吉尔成为英国最年轻的海军大臣后，马上下令军舰采用燃油锅炉，使一级战列舰的航速从21节猛增为25节，拥有了全球领先

1911年担任英国海军大臣的温斯顿·丘吉尔，只有37岁。

▲
表现德国建造的
"大洋舰队"阵容
的油画。

的航速。美国、德国和法国虽然也随之仿效，却已晚了一步。

德国本土没有油田，此时世界上的主要石油产地在英国殖民地和美俄两国，欧洲只有罗马尼亚这个产油国向德国供油且数量有限。德国发展汽车和实现军舰"煤改油"都出现来源不足的困难，战时多数军舰还烧煤。大战开始后，德国的"大洋舰队"就长期停泊在港口内不敢外出决战，除实力不足外也是因缺乏燃料。

看到水面战舰无法赶上英国，德国人把目光投向了当时全新的水下武器。第二次工业革命的成果电动机运用于海军，就催生了潜水艇。19世纪末，后人尊称为"现代潜艇之父"的爱尔兰人约翰·霍兰通过运用内燃机和蓄电池结合，实现了水下远距离潜行。1897年，在美国海军资助下，霍兰建成了"霍兰"号潜艇，使用"双推进装置"——水面航行用汽油发动机，水下航行时用蓄电池为动力的电动机。"霍兰"号上有5名艇员，有一具艇艏鱼雷发射管，成为世界上第一艘真正意义上的作战潜艇。德国看到潜艇出现后，马上投入资金加紧研制，并在质量方面走在世界最前列。

大战爆发前，各国装备的潜艇数量是：德国28艘，法国38艘，沙俄23艘，美国50艘，英国76艘。德国潜艇数量虽不算多，性能

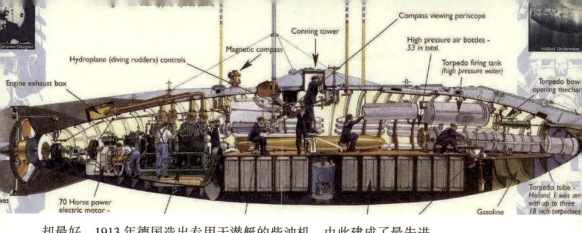

Engine exhaust box
Hydroplane (diving rudders) controls
Magnetic compass
Conning tower
Compass viewing periscope
High pressure air bottles - 53 in total.
Torpedo firing tank (high pressure water)
Torpedo bow opening mechar
70 Horse power electric motor -
Gasoline
Torpedo tube - Holland 1 was arr with up to three 18 inch torpedoes
Holland Underwater

却最好。1913 年德国造出专用于潜艇的柴油机,由此建成了最先进的柴油机——电动机潜艇。其下潜深度达 48 米,蓄电池可供潜航 1 小时,能量耗尽后需浮出水面用柴油机充电。直到今日,绝大多数常规动力潜艇还沿用着这种动力形式。

▲

美国人霍兰最早设计定型的潜艇内部结构图。

第一次世界大战开始后,德国的潜艇成为海战的主角,为此在战时共建造了 344 艘潜艇,居各国海军首位。大战期间各国潜艇共击沉商船 5000 余艘、1400 万吨,德军潜艇占有其中的 1228 万吨。如 U–35 号潜艇共击沉了总吨位达 54 万吨的 224 艘舰船,创造了海战史上最高纪录(后来二次大战时也未被打破)。德国损失了 178 艘潜艇,有 5087 名潜艇乘员阵亡。

这就意味着,德国每损失一艘潜艇就可以击沉 30 艘总吨位 7 万吨的敌国和中立国舰船,这一战果是二次大战的数倍。虽然德国的潜艇战未能成功,这一水下武器却就此成为世界海军极为重视的装备。

◄

表现一次大战中德国潜艇击沉商船的画作。

▲
表现英国试验飞机
在军舰起飞的油
画。

大战爆发前，美国和英国海军又在试验新的海战武器——飞机，并将其与军舰相结合。早在1910年至1911年，美国海军就试验飞机在巡洋舰上起飞，并获得了成功。1912年英国海军对一艘老巡洋舰"竞技神"号进行了大规模改装，在舰艏铺设了一个平台用于停放水上飞机，并加装了一个大吊杆对其进行搬运，从而建成了世界上第一艘水上飞机母舰。不过舰上所载的飞机都需要从水上起飞并在水上降落，然后再从水中运到军舰上。经过战争的实践，一次大战末期又出现了航空母舰这种全新的海军装备。

新战舰、潜艇和舰载飞机在海军中列装，这就注定了第一次世界大战的海战由过去单纯的水面交锋，变为海面、海下和空中的立体交战。

飞机诞生后首先被作为军用

▶
美国莱特兄弟在
1903年首次进行
飞行试验的场面。

第一次世界大战爆发前，各主要军事强国又装备了一种空中武器——飞机，这就意味着空战也会成为全新的作战形式。

1903年12月17日，美国莱特兄弟用安装了内燃机的飞机进行了首次有动力、可操纵飞行。第一次飞机只飞了36米，第二次飞了3000米，却成为人类的一次划时代的进步。此时美国军界对飞机没有兴趣，只忙于制造战列舰。倒是一些美国商人看准了机会，打出飞行发明者的名字做广告，建立"莱特飞机公司"并开始用于民航领域，1910年开通了商业航线飞行。

战争气氛浓厚的欧洲，最早准备将飞机用于战争。1909年，法国飞行员路易·布莱里奥驾驶一架飞机成功飞越英吉利海峡，降落到了大不列颠国土上。英国人对此大为吃惊，使他们意识到单纯凭借海上防御力量已不可能保证国家安全，开始研究怎样运用飞机。

法国、意大利作为二流军事强国，却急于改变现状，因此对飞机这种新武器最感兴趣，意大利于1909年在军队中率先建立了航空队。

1911年意大利为抢夺土耳其在非洲的殖民地利比亚，派出9架飞机。在北非战场上，人类战争史上出现第一次空中战斗侦察，出现了第一次空中轰炸——意军一架飞机向土军阵地投下4枚各重2公斤的小炸弹。当时土耳其军人看到头顶上飞来带着轰鸣声物件惊骇不已，出于自卫本能举枪向它射击。当时飞机飞得很低，时速不到

▼
在1911年意土战争中，意大利军队首次使用飞机对土耳其军队作战的画面。

80 千米，土耳其的步枪弹还命中意军机翼 3 发，虽未将其击落却开创了地面火器首次击中飞机的纪录。

看到意大利军队使用飞机，英、德、法、俄等国也建立航空队。那时飞机的操作性、安全性都很差，以至有人称"飞行员是最危险的职业"。有人从雨伞的原理出发，发明了供飞行员逃生的降落伞。荒唐的是，沙俄航空兵头目还拒绝采用，并说飞行员若有这东西，情况不妙就会抛弃价值不菲的飞机。

此时各国的飞机发动机功率多在 100 马力之内（相当于现在一辆普通轿车的马力），时速在 80 千米至 100 千米左右，飞行高度通常只能达到 2000 米。那时的机舱也不封闭，飞行员在空中面对扑面的大风，只能靠风镜和飞行帽遮挡。

战前德国的飞艇技术在世界上处于最高水平，著名的"齐柏林"

▼
英国战斗机射击摧毁德国"齐柏林"飞艇的画面。

飞艇在国内还进行了商业飞行。开战后还对伦敦实施了轰炸，几百
年来有海峡保护的英国人头一次尝到外国打击，所以德国没有太重
视飞机。不过人们很快发现飞艇很容易对付，因其目标过大，航速
又不超过每小时 80 千米，小巧灵活的飞机和地面机枪都容易打中它。
装满氢气的气囊一旦中弹，就会燃烧，会成为耀眼的火炬。飞艇随
后转入夜袭，却因结构脆弱极易被风暴摧毁，不久便退出了前线，
飞机成了唯一可信赖的空中武器。

　　开战前，英、法、俄、德都建立了航空队，不过各国还认为飞
机只能充当军队侦察所用的"空中千里眼"。法军飞机侦察到德军
前进纵队逼近巴黎时的前进方向和配置弱点，对及时调动部队取得
马恩河大捷起到重要作用。敌对双方的飞机有时在空中相遇时，双
方飞行员因没有武器，相撞又会同归于尽，只好各飞各的，有些飞
行员还挥手致意，这哪里像打仗的样子呢？

　　但是人类历史上首次空战还是发生了。1914 年 9 月，法国飞行
员安德烈驾驶一架双翼飞机在飞往比利时列日执行侦察任务时，遇到

了同样在执行任务的德国飞行员汉斯。两机在空中相遇时，德国人汉斯按照规矩如同绅士般的向对方挥手致意，自认为遭受侵略的法国飞行员安德烈可不吃这一套，反而嘲笑地向他伸出小指头以示轻蔑。

对傲慢的德国人来说，法国人此举岂能容忍！汉斯气愤之下拔出手枪射击，安德烈也以手枪还击，两人在空中开始了人类首次空战。

对高速运动的飞行物而言，直接瞄准射击不可能打中目标，何况手枪射程只有几十米，所以两个人根本无法击中对方。打光了子弹后，他们挥手告别，人类第一场空战便草草收场。

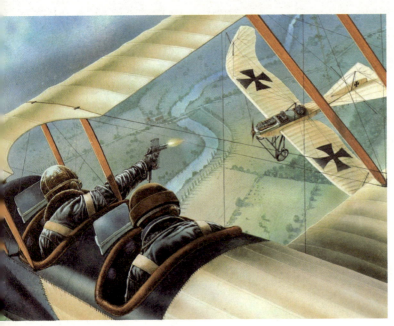

▲
第一次世界大战开始后的首次空战，法国和德国飞行员用手枪相互射击。

同一时期，沙俄的飞行员聂斯塔洛夫在空中与敌机相遇时又有创意，竟然在机身后部装了一把刀子，准备用它把对方机身的蒙皮割开，真可以称之为"开膛破肚"的战术。1914年9月，在一次空中相遇时，他的刀子虽未用上，却操作机轮将一架奥匈帝国的侦察机撞落。沙俄另一位飞行员卡扎科夫在飞机下部安装了一根钢索和一个抓钩，1915年3月的一次飞行时居然用抓钩钩住了一架德国"信天翁"飞机，并用机轮将这架敌机撞落到地上摔个粉碎。

　　这种怪异的空中搏斗方式毕竟太原始，而且不可靠，随着机枪装上飞机，空中追逐与歼击的时代随之开始。在第一次世界大战期间，交战各国总计生产了 10 万架飞机，空战和空中轰炸成为人类战争的重要形式。

机械化装备和自动化武器开始主宰战场

　　18 世纪末蒸汽机的出现，使人类出现了首次工业革命，19 世纪的战争中便有了火车运兵。不过直至 19 世纪末第二次工业革命的成果内燃机出现后，进行机械化战争才具备了条件，尤其是汽车、拖拉机出现并进而有了装甲车辆，新的陆战形态即将要出现。

　　蒸汽机使用的是煤炭这种燃烧值相对较低的燃料，只能驱动机车以带动车厢。火车虽然可配备装甲，成为铁甲列车，却需要固定的轨道，无法在战场上自由驰骋。因此19世纪的陆军除远程列车输送外，战地行动仍要靠自己徒步、骑马或乘马车。

1886年，德国人戴姆勒和本茨几乎同时制造出由内燃机驱动、用汽油作为燃料的机动车，二人被公认为"汽车之父"。内燃机和汽车的出现，可谓"给世界装上车轮"，也为战争进入机械化时代

► 1902年，在德制戴姆勒汽车的底盘上，英国人西姆斯为其安装了机枪，这辆汽车有装甲，搭载4名乘员，时速可达16千米。

提供了动力。与此同时出现的机枪和速射炮，又能同汽车相结合，创造出一个新的火力平台。

1899年，英国人西姆斯将马克沁机枪装到四轮机动车上，并加上防盾，制成了最初的机动火力车，只是没加装甲而不能叫作装甲车。1902年西姆斯推出一种具有船型装甲壳体的"战斗机动车"，成为世界上装甲车的先驱。

靠轮子行驶的装甲车出现后，各国军队却装备不多，因为它难以爬坡、越沟和过坎，不适合在野外作战，只有履带式拖拉机才能胜任越野。1889年，美国芝加哥的查达发动机公司制造出了世界上

第一台使用汽油内燃机的农用拖拉机。有了这种履带车，它的越野能力就会远高于汽车。1911 年，在英国海外自治领地的澳大利亚，有一位工程师莫尔设想，若给拖拉机加上装甲和枪炮，就能成为机动力更强的战车，这也可称是发明坦克的前奏。

20 世纪之初，各工业大国的汽车工业虽发展起来，却因内燃机功率不足，所产多是小功率的家用轿车，数量也不多。如 1913 年英国生产汽车 3 万辆、德国生产 1.6 万辆。作为世界头号"汽车王国"的美国虽年产汽车 45 万辆，其中载重机车也只有 2 万辆。在一次大战开始时，英法俄德奥的陆军作战部队的运输工具还是靠马匹。

开战后，被公认为世界头强的德国陆军仍基本沿用 1870 年普法战争的模式，在后方用铁路网调集军队，突破比利时、法国边境。但是随后因当地铁路遭受破坏，前线部队又未装备汽车，官兵们仍以徒步和马拉火炮推进。德军胜利前进了 300 千米逼近巴黎时，落后的运输方式使其弹药供应困难，行军速度也放缓。这时法国有内地铁路网调运部队和弹药的便利，在作战部队也没有装备汽车时征用了巴黎城内 600 辆出租汽车，以往返运输调兵，抢先建立了防线，并打退了步行疲惫且弹药不足的德军，首次显示出摩托化行军的巨大优势。

"马恩河出租车运兵"事件，使各国看到了汽车在战场上的重要作用。美国的汽车年产量很快超过 100 万辆，其中有 30 万辆是载重车，其中有很多又售给英法。德国因资源不足，汽车产量不多，

▼
表现法国巴黎以"马恩河出租车运兵"的油画。

这决定了其机动能力差，无法进行如第二次世界大战高速突破的"闪击战"。

　　一次大战开始后不久，双方都掘壕转入僵持，英国军界一些人就重视起"履带车＋装甲＋枪炮"的建议，于1916年发明了坦克。

　　这种攻防兼备的武器，是火力（靠火炮、机枪）、装甲防护力和履带的机动性"三结合"的产品。

　　坦克首先是一种装甲车辆，却与带轮子的装甲车不同，它是靠履带前进。车辆的轮子容易陷入沟里，过坎也困难，坦克履带却能跨过2米左右宽的壕沟，能冲上近1米高的土坎。

　　坦克又是一种炮车，并有装甲全面防护，比起普通大炮只有前面防盾更有优势。坦克后来还装备了炮塔，开动时能转动枪、炮向四面

八方射击。

　　火力、装甲和机动力三者结合出现的坦克，又是以工业化时代机械制造业、冶金业发达为基础。

　　坦克的出现，又催生了对付装备车辆的武器。德军起初靠前沿的野战炮直接瞄准射击，步兵还想出了以"集束手榴弹"炸履带的方式，后来又研究出了专门的反坦克炮。

　　近代冶金和化学工业的发现，催生了自动化武器。1884 年美国工程师马克沁发明了最早的重机枪，每分钟可发射 600 发子弹，马上引起各国军界的重视并引进其技术。1902 年，丹麦人麦德林又发明了轻机枪。1914 年大战爆发前，各参战国都大量装备了重机枪，战时又生产了不少轻机枪。机枪的出现导致战场射击自动化，单兵

　　▲
表现一次大战时英国使用坦克的绘画，画中德军反坦克小队在机枪掩护下去摧毁坦克。

▶
大战中的德军将重机枪改进成轻量化的 MG-15 机枪,全枪重 19 公斤左右,可单兵携带。

携带却不方便,德国人雨果·施迈瑟在 1918 年研制定型并生产出世界上第一款实用的冲锋枪,并大量装备德军,这使步兵杀敌的方式由枪支瞄准单发点射变成主要靠自动枪倾泻"弹雨"。

此时制造枪炮、军用车辆、军舰的主要材料是钢,国家冶金能力又是武器制造业的基础。1913 年世界主要国家的钢产量如下:

美国 3180 万吨

德国 1832 万吨

英国 778 万吨

法国 469 万吨

沙俄 423 万吨

意大利 93 万吨

日本 25 万吨（当时日舰多系进口或购进材料制造）

以英德两国钢产量对比，德国居于优势，不过英国却有法国、沙俄等盟国支持，在海外又有加拿大这个工业基地。1917 年以后，拥有世界上最大钢产量和机械工业能力的美国加入了协约国作战，这就注定了德国、奥匈帝国和土耳其、保加利亚组成的同盟国必然被对手强大的工业能力碾压。

从军事技术进步的角度看，第二次工业革命的成果运用于第一次世界大战，新式武器如飞机、坦克、潜艇就能投入战场，可惜交战各国主要运输工具还是第一次工业革命的标志物——蒸汽机驱动的火车。当时作战部队汽车很少，这同部队快速推进的需求就产生了不可解决的矛盾。

一次大战期间无线电通信又不发达，电台一般只装备到师一级单位，没有像第二次世界大战那样配备到单车、单机，前线作战主要靠通信兵架设电话线，这很难产生高机动性的快速突击战，第一次世界大战在总体上看就变成一场显得僵化的堑壕战争。

化学武器登场使一次大战出现战史上最大的毒气战

资本主义各强国准备大战时，又看中了国际条约禁止的化学和生物武器，这也说明疯狂的帝国主义头目为达目的可不择手段，签订条约也只是实行束缚别人而放纵自己的"双重标准"。

化学武器的作用，是通过化学方式合成的有毒气体、液体，侵入人体引起伤害。古代战争中就有用简单的人力合成有毒气体的战例，如2000多年前古希腊的斯巴达人进攻雅典时攻城不克，就将沥青和硫黄混合物点燃投入对方堡垒，熏得雅典守军泪流满面方寸大乱。不过直至19世纪后期现代化学工业建立后，人类才能真正通过工厂批量生产有毒的气体、液体，运用于战场造成杀伤。

古代的人们不懂得细菌知识，不过匈奴人、蒙古人和西班牙人通过总结对疾病传染的直观了解，在战时经常把人畜尸体和染病物弃置到敌方，形成一种原始的不自觉地利用自然界现成细菌的攻击行为。近现代医学的发展，使人们认识到病菌的由来和传播特点，一些战争狂人便培育细菌和病毒，从而有意识地发动生物战。

19世纪80年代，德国科学家罗伯特·柯克在世界上首先发明了识别细菌以及在实验室中培养病菌的方法。这一发明为人类战胜病

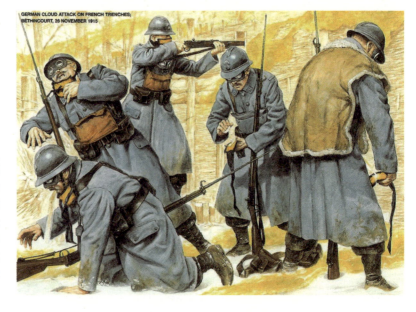

► 表现法军阵地遭到德军化学武器袭击的画作。图中有的士兵已经出现呕吐或者抽搐的中毒早期症状，右边的伙计直接就往口罩上撒尿以抵挡毒气。

魔提供了重要前提，不过随后就有一些人提出利用它作为武器，这种可怕的提议很快就在世界上引起严重恐慌。

化学武器和细菌武器会无差别地杀伤平民，给人类的生存带来威胁，因此世界上刚出现化学战和生物战的研究就受到普遍谴责。1899 年，世界上多数独立国家在海牙签订国际条约，规定禁止使用化学和生物武器。可在争霸中争取优势的帝国主义者并没有因此住手，签约后仍在进行秘密研制。英国首开了先河，后起的德国因战争资源不足更是热衷于这类"超常规武器"的研制。

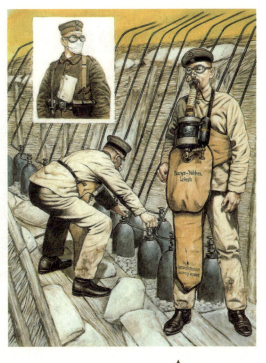

▲
1915 年 4 月在比利时伊普尔前线，德军防化部队首先使用化学武器，通过 5000 个图中这样的钢瓶释放毒气。

国际上通常认为第一次世界大战期间开始了毒气战，其实在战前英国就已经试用过。1900 年八国联军侵华时，英军在天津城内的进攻中使用了氯气炮弹，据记载"炮弹落地，即有绿气冒出，钻入鼻窍内者，即不自知殒命"。1899 年至 1902 年的布尔战争中，英军面对仅有数万人的布尔民团（南非的荷兰裔移民）调动几十万部队久战不决，也使用了氯气炮弹。

英国人敢用毒气攻击清军和布尔人，是认为对手也没有化学武器可用于反击，因而倚强凌弱无所顾忌，对当时已是世界头号化学工业强国的德国就不敢造次。

大战之前，德国就已经研制出世界上杀伤力最强的毒气，起初因幻想速战速决而未使用。1915 年初战争陷入僵局，德国科学家、犹太人弗里茨·哈伯就提出应实施毒气战。同年春天，德皇威廉二世到靶场亲自观看了化学炮弹毒杀山羊的威力，随后就下令使用。

1915 年 4 月 22 日，德国首次在战场上使用化学武器，利用英军

缺乏准备，突然将钢罐中装着的毒气利用风向吹向敌方，当天就造成1万多敌兵死亡，从而顺利攻下阵地。不过进攻的德军自己的防化装备不足，夺取染毒阵地时也有几千人不同程度中毒。

弗里茨·哈伯坐在飞机上观察了钢瓶施放毒气的杀伤效果，感到很满意。此时英国也储备了不少化学武器，很快予以报复，双方阵地上毒气弥漫。大战期间交战双方使用了15万吨以上的化学武器，共有10万以上的士兵死于毒气战，120万人因毒气负伤，其中包括眼睛一度失明的德军下士阿道夫·希特勒。

近代世界上最早研究细菌武器的是英国，最早使用者却是德国，两国在大战前都有了这方面的准备，尤其是德国已有了可用于实战的炭疽病菌。

1916年，德国急于打破战场僵局，决定向英国秘密投放细菌，以引发人畜瘟疫。这次细菌战的方式，是把炭疽病菌装入密封的小玻璃管内，由间谍携带潜入不列颠岛上，再投放到水源和畜牧场。德国还派遣间谍远行万里，在美索不达米亚（即今天

德军还将生化武器的攻击指向英军的战马，英国专门为马研制了防毒面罩。

的土耳其以东）的战场上投放马鼻疽，感染了英法联军的几千头骡马。这种马鼻疽随后又在欧洲广为传播，仅法国在第一次世界大战期间就有 6 万头骡马感染上了这种病，影响了军队的运输。

从总体上看，德国采取的细菌战规模有限，主要原因是采用人工秘密投掷散布面有限，派出施放细菌瓶的间谍又有许多被捕，未能在敌国引发大面积瘟疫，对整个战局起到的作用也有限。不过这一秘密行动在世界上首创危险的生物战方式，在犯下了反人类罪的同时，也说明穷凶极恶的军国主义者为达目的是不顾任何道德规范的。

19 世纪末到 20 世纪初的世界新工业革命，还未来得及给人类带来多少福祉，就将技术成果运用于帝国主义战争，造成了一场空前的浩劫。

第二章

德国速胜计划破产
等于开战即输

世界上发生的偶然性事件，往往寓于必然性之中。20世纪初，英法俄组成的协约国与德奥同盟国已剑拔弩张，火药桶已经备好。1914年6月28日，萨拉热窝行刺事件发生，就成了引发爆炸的导火索。当天，一个仇恨奥匈帝国欺压的17岁的塞尔维亚年轻人在路边开枪打死了到此巡视的奥匈帝国王储夫妇。这个刑事案件本不难解决，奥方法庭因凶手未成年只判了其二十年徒刑（据称4年后病死狱中），塞尔维亚基本答应了奥匈帝国的苛刻条件，并清查国内激进组织。德国威廉皇帝却同奥皇约瑟夫相商后决定，利用这一机会开战，实行9年前早就策划好的"施里芬计划"。结果德军速战不能速胜，刚开战就发现称霸的梦想可能已经破灭。

"施里芬计划"体现了冒险下注的过大野心

帝国主义国家走向世界性争霸战争，有一个矛盾逐步激化的过程。1871年德国击败法国成为欧洲大陆头号强国后，作为全球"海洋霸主"的英国就实行传统的"平衡战略"，让欧陆上的德、法、俄、奥这几国力量均衡，自己置身于欧陆外不同任何国家结盟。

进入20世纪之初，德国工业产值超过英国，又大力发展海军。1905年春天，伦敦的议院内就开始讨论对德国开战的问题，为此决定同法国结盟，并准备采取进攻行动。此时法国早已同俄国正式结盟，不过俄国正陷在对日本的战争中无法履行对法承诺。英国舰队虽能摧毁德国舰队，但是他和法军都无法阻挡德国的陆军，想有效对德作战就要争取俄军参战。1905
年俄国对日本的战争失败，英
国马上调整了政策，提供10
亿卢布（相当1.2亿英镑）贷
款帮助沙皇政权，1907年英法
俄三国"钢铁联盟"组成了协
约国阵营。

这幅漫画描绘德国
皇帝威廉二世啃食
地球，其野心过大
而实力却不足。

　　德国因海军力量不强，基
本作战目标是对付法俄联盟，
在大战前一直争取英国中立。
德军总参谋部制订了一系列计划以应付东部和西部两线作战，并根
据形势变化不断改进。

　　1905年施里芬担任总参谋
长时，汇集了德国总参谋部多年
的研究成果，制订了一个详细完
整的作战计划。德国军方就以他
的名字命名。这个"施里芬计划"，
影响了德军在两次世界大战中的
部署，其中心思想就是快速突击、
各个击破，而且要"先法后俄"。

　　在施里芬和德国军界其他
人看来，克里米亚战争和日俄战

1905年制订攻法
计划的德国总参谋
长施里芬的照片。

争都证明俄国是个衰弱的对手，不过却有 2000 多万平方千米的辽阔国土，德军显然无法取得速胜。法国面积不过 40 多万平方千米，在上次普法战争中又是自己的手下败将，德国人认为完全可以迅速将其打垮并占领全境，然后回头就轻易打败俄国。"施里芬计划"对英国的设想是可能中立，至多以海军对德进行封锁不会参加陆战，事后证明这是一个致命的错误估计。

进入 20 世纪后，德国认为自身国力同法国已不在一个层次，迅速打垮它不成问题。以 1914 年法德主要国防和工业数据对比，也确实能看出巨大差距。

	法国	德国
人口	3900 万	6500 万
军队动员量	350 万	600 万
煤产量	4000 万吨	2.7 亿吨
钢产量	430 万吨	1832 万吨

此时德国的铁路网在欧洲最为发达，50 多万平方千米的国土上铁路里程达 6 万千米，每个城镇都通火车（1949 年中国全境铁路里程只有 2.2 万千米）。德军又有最完备的预备役制度，战争动员令一经下达，各地德军可以在 24 个小时之内到达集结地点，用火车可在一两日内将其调到边界。相比之下，法国完成部队集结需要 7 天，俄国因铁路等运输工具不足和物资供应水平低而需要 30 天才能完成向边界的调动。

施里芬和他的助手根据这一计算，决定开战后只用几个师对俄军在东线实行警戒，集中绝大部分兵力投入到西线，而且要分成左、右两翼纵队。左翼纵队部署 8 个师在德属洛林一线依托原有工事防御法军的攻击，右翼纵队集中70个师，绕开法国在法德边界修筑的坚固防御工事，破坏比利时中立强行穿越，从北方攻入法国腹地，然后在巴黎附近决战以获全胜。在30天内解决法国，再调兵到东线打败行动迟缓的俄军。

从政治上看，这个"施里芬计划"在两次世界大战后都被定为德国的侵略罪行，因为它在信誓旦旦承认比利时中立后却早就蓄谋入侵，表明德国军国主义者为达野心不讲任何道义。

从军事角度看，"施里芬计划"确有老辣和精明之处，这让两次世界大战中的德军在西线进攻之初都进展顺利。施里芬主张开战时就要在战场上用炮火开路，步兵快速冲击，打垮敌人，也是"闪击战"思想的孵化期。只是当时飞机、坦克还未投入战场使用，没有办法实施快速推进的立体作战。

施里芬等人寄希望于集中兵力速战速胜，就是明白德国的资源要比对手少得多。如果对法国的进攻不能迅速结束，一旦让俄国在东线完成了军队集结，德军被夹击就处境不妙。他卸任后直至病亡时，都反复强调要把主力用于突击方向——西线的右翼

▲
讽刺漫画——小毛奇从施里芬的阴魂中接受计划。

（即通过比利时直取巴黎），担心在其他方向分散兵力。

一年后的战争进程却没有完全按施里芬的愿望进行，这是因为俄军的集结进攻速度比预想快，法军又在西线的洛林方向进攻，迫使德军要分兵前往应付，"我的右翼"最终还是有所削弱。

其实，德军若完全按施里芬所愿集中力量于西线右翼，可能初期的进展能更顺利一点，但取得全胜仍不可能。从施里芬到德皇威廉二世制订攻击法国的计划时，都忽略了一个根本问题，那就是德国的实力不足以支撑其扩张野心。

德军入侵比利时却在列日城意外遇到"硬骨头"

1914年6月28日，德皇威廉二世得知奥皇储夫妇遇刺身亡的消息，马上连声大呼："这是千载难逢的机会！"当奥匈帝国的老皇帝约瑟夫一世在儿子、儿媳事后向他询问"德国是否同意并支持奥匈帝国对塞尔维亚发动进攻，是否准备进行一场欧洲大战"时，威廉二世当即答复说："（我们）一切都已准备好了！"

下定打一场大战的决

▶
奥匈帝国皇帝约瑟夫一世，他是点燃大战导火索的人。

心，需要精心计算。萨拉热窝行刺事件发生后整整一个月时间内，德奥高层都在进行紧张的磋商研究。威廉二世估算了英法俄三强的总体实力，7月初曾犹豫过是否开战。德国军队的高层却认为现在有把握取胜，再拖几年待对手加强军备就很难说了。德国方面还认为德国的工业体制马上可以转到战时体制，协约国则至少还需要几个月时间。

1914 年德皇威廉二世检阅军队准备出征的照片。

威廉二世皇帝得到周围人的鼓动，又考虑到上次普法战争初期会战就决定了胜负，德军在整个战争中伤亡不过15万人，最后认为两三个月足以占领法国。德军再东调又能很快打败俄国并迫其讲和，英国届时也无可奈何。威廉二世在8月初开战时便说："待树叶落下的时候，我们的士兵就可以回家了。"

得到德国的保证后，7月28日奥匈帝国对弱小的塞尔维亚宣战，这一天在后来就被定为第一次世界大战开始日。奥塞宣战，果然马上引发连锁反应，欧洲大国在几天内都迅速卷入战争。

塞尔维亚遇到进攻，与之有同盟义务的俄国马上宣布总动员（还

▲
奥匈帝国的军人形象。

▲
法国画刊描绘塞尔维亚孩子和妇女
都在持枪打击奥匈侵略者。

未宣布参战）。想找开战借口的德皇威廉二世就马上警告他的妹夫、沙皇尼古拉二世，认为动员令是对德奥的威胁，要求俄国取消动员令，但是遭到了俄国的拒绝。

8月1日，德国和奥匈帝国对俄国宣战，并要求法国保持"中立"。此时法国看到德国的大量运兵火车不是向德俄边境而是向法德边境开来，就表示要履行对俄盟约，拒绝德国那个纯属制造开战借口的要求。8月3日，德国就以法国不肯"中立"为借口对法宣战，法国也同样回应。

萨拉热窝刺杀案发生后的一个月内，英国的态度暧昧，试图调解冲突以争取时间，这让德国产生它可能中立的幻想。德法宣战次日，

8月4日英国政府以履行对俄、法同盟义务为由对德奥宣战。威廉二世对此虽感到失望，不过箭已离弦就不可收，德国同样以宣战回应。

在宣战前的7月31日，德国就开始总动员，军队由战前的80万人迅速扩大了6倍以上。德国西部通往比利时、法国的铁路线全面实行军管。处于进攻轴线上的铁路几乎都是双轨运行，每天有550趟列车开赴前线。战争最初两周，每10分钟就有一趟德军列车开过莱茵河畔的名城科隆。

此时德军的总参谋长，是普法战争中名将毛奇的侄子小毛奇。他遵循其前任施里芬的计划，仅用9个师的兵力在东线监视俄国，而在西线则集中了7个集团军，共78个师。不过为保卫洛林工业区，他在那里部署了2个集团军18个师，突击比利时和法国北部的右翼纵队减少到60个师。这一计划削弱了施里芬所注重的右翼的部署，是因德国财团要求保护好工业区，军事行动毕竟要为政治和经济服务。

德国对法国宣战的前一天，8月2日就派兵占领了两国之间宣布中立的小国卢森堡，当天又照会中立国比利时要求"过境"，还虚伪地许诺对其主权"不加侵犯"。比利时政府和议会讨论后，认为自己难以抵挡德军的进攻，却坚决表示拒绝德国的"借道行军"。

8月3日晚间，德军以大兵越境，5个集团军的100多万军队像一把挥舞的镰刀从比利时方向斜插向法国。出乎预料的是，比利时竟进行了顽强抵抗，尤其是东部边境列日要塞的防御战坚持了半个月。

8月5日，花费多年精心构筑的要塞城列日被12万德军包围，3

万比利时守军拒不肯降，依托 12 个炮台和 400 余门火炮抵抗。德军伴随步兵最大的 150 毫米榴弹炮不足以摧毁工事，面对守军炮火和机枪的交叉射击，第一天的攻击就伤亡了 4000 多人。8 月 6 日，德军派出了"齐柏林"飞艇前来投弹，因投弹水平不高，只有 13 枚炸弹落在城内炸死了 9 个平民，这只增加了城内军民的恐慌，不过开创了战争史上的首次飞艇轰炸纪录。

► 俄国宣传画《英勇的比利时列日要塞防卫战》。

进攻列日的激战中，德军出现了一位"新星"，就是任第二集团军副参谋长的鲁登道夫上校，此人过去在总参谋部时就参与过"施里芬计划"的拟订。第十四步兵旅的旅长武索将军阵亡后，他接管了旅的指挥权，在仔细侦察分析敌情后率领部队在晚上由缺口悄悄地进入列日城内。比利时守军怕巷战引发居民严重伤亡，都撤到炮台之内。

8月10日德军占领列日城区时，已经付出了1.5万人的伤亡，却只攻下一个炮台，城四周的另外11个炮台仍在坚守。气急败坏的德国统帅部先是调来210毫米口径的列车炮，轰击效果仍不大，便从奥匈帝国借来305毫米口

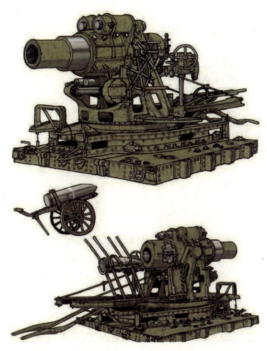

径的"斯科达"臼炮。该炮的炮弹重384公斤，对混凝土防御产生了很大破坏作用，帮助德军攻下几座炮台。

8月12日，鲁登道夫等到最重要的武器——4门克虏伯公司在1909年生产的"大贝尔塔"炮，该炮重42吨，炮弹重1吨。用火车运到城外的车站后，要用36匹健马才能拖到列日城内。在鲁登道夫指挥下，这种当时世界上口径最大的火炮在1000米外向要塞的坚垒发射，落下的炮弹打穿了堡垒顶部，在堡垒内部引发了大爆炸。通过连续四天的逐个轰击，列日的所有炮台至8月16日全部被摧毁。这一夺城之功，就此记到鲁登道夫头上，他马上晋升为少将并调到东线辅佐兴登堡，从此走上进入德军最高层之路。

德军虽攻下列日要塞，却拖到8月20日才占领布鲁塞尔。8月

德国为攻克列日使
用的"大贝尔塔"
炮。

24 日，德军由比利时进
入法境，这比预想晚了
近 20 天。比军撤退到靠
近英吉利海峡的一片狭
小地区，依靠英军支援，
直至战争最后都保住了
这仅剩的一块领土。

英国利用比利时顽强抵抗的这段宝贵时间，在全国进行了动员，
远征军先头部队进入了比利时和法国北部。不过此时法军却犯了一
个重大战略错误，即没有认清作战重点，未去支援比利时并组织好
北部边境的防御，几个主力集团军投入了洛林一线发起进攻，想收
复普法战争中割让给德国的洛林—阿尔萨斯地区。

▶
表现一次大战开始
时德军向法国境内
推进的场面，虽然
取得了胜利也消耗
了不少时间。

法军对德进攻受阻后，当德军从比境突入法境的第二天即 8 月 25 日，法军总司令霞飞才从洛林战场调回部分兵力组建了法国第六集团军，负责北部的防御。这片平坦的地区却无险可守，法军也来不及修筑工事，根本挡不住来势汹汹的德军。

9 月 2 日，德军先头部队挺进到距巴黎仅有 25 千米的地方，霞飞指挥的法军主力阻遏德军右翼所做的努力已告失败。此时首都城内人心惶惶，居民纷纷外逃，法国政府也迁往西部的波尔多，德国首脑认为西线的决定性胜利已指日可待。

俄国在东线提前进攻，却有两个集团军被歼

德国进攻法国时，曾算定俄国动员能力差，集结兵力需要很长时间，没想到情况完全相反，俄军未经很好动员准备就仓促出兵越境。

俄国在 19 世纪末因害怕德国称霸欧洲而同法国结盟，通过大量贷款进行国内建设（包括修筑西伯利亚大铁路），却在长时间跟德国保持密切关系。沙皇曾对德皇保证，如德国首先进攻法国，俄国才会履行盟约，如法国首先进攻德国，俄国就会保持中立。德

国也同俄国有着大量的经贸往来还出售军火，一再提供贷款，并将亲王路德维希四世的女儿（也是英国维多利亚女皇的外孙女）嫁给尼古拉二世。1907年英国对俄结盟后，德国感到拉拢俄国已很困难，双方关系开始疏远，不过德国在东线也并没有针对俄国进行备战。

此时俄国对外刚经历了对日战争失败，国内又危机重重，尼古拉二世却想再打一仗，以胜利平息国内矛盾以重树俄国皇室权威。

▲
俄国所绘的开战后部队向战场开进的宣传画。

从17世纪末到19世纪末，俄国发动了一系列对奥斯曼帝国的战争，收复君士坦丁堡（土耳其称伊斯坦布尔）并迁都于此，改称"沙皇格勒"。英国和法国却长期害怕"北极熊"进入地中海，所以支持土耳其守住海峡之门，甚至派出军队进行支援。在1853年至1856年爆发的克里米亚战争中，俄国被英法等联军击败。到了一次大战

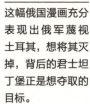

前夕，看到土耳其日益亲德，英法两国表示可考虑将君士坦丁堡和土耳其海峡都划给俄国，这一最大的诱惑才刺激起沙皇的参战欲望。

1914 年夏天出现塞尔维亚危机时，沙俄的陆海军都未动员，国内也没有多少战略物资储备。8 月 1 日德俄两国相互宣战，俄军以 10 天左右时间就在靠近德国的边境地区集结了两个集团军，共 43 个师约 45 万人，其对面的德国第八集团军只有 10 万人。这时英国和法国都催促俄国尽快在东线进攻德国，以减轻西线的压力。

此时俄军弹药和粮食供应都不足，后勤补给线路也未建立。尼古拉二世却要求北部边境的俄军分成两个集团军，从 8 月 16 日起越过边界，分两路向东普鲁士境内推进。边界上配置分散的德军因兵力少难以抵挡，一时连连后撤，造成柏林震动，德军统帅部不得不从西线抽调两个军到东线的纵深设防，并让刚退休的 66 岁的老将兴登堡到前线指挥。

▲
德国老将兴登堡在
大战之初的油画
像。

8月20日这一天，德国第八集团军的无线电报务员突然抄收了俄军两份使用明码的电报，即俄国第一集团军和第二集团军的相互情况通报。电报里竟说因缺乏补给难于继续推进，并通报了下一步作战打算。德军指挥官马上争论起来，这到底是真实情况还是圈套呢？

按照多数德国军官的意见，俄国军队再愚蠢也不会用明码发报，肯定是引诱德军上钩的诡计，只有作战参谋霍夫曼上校认为这是真实的。此人曾是德军总参谋部的俄国问题专家，日俄战争期间曾到俄军中当过军事观察员，见识过俄国军人的散漫和无效率。霍夫曼提出，当年俄军对日本作战时的通信联络就漏洞百出，这次肯定是缺少密码才如此。

俄国人波波夫是无线电通信的发明者之一，俄军还最早建立过破译密码的"黑屋"。不过俄国军队高级军官极其昏聩，竟然在开战前因为编好的密码本太复杂而没有为军队配发，战争开始时又行动匆忙，就出现了明码发密电的荒唐事。

德国第八集团军的司令兴登堡看着俄军的电码，起初犹豫不决，突然前线德军又报告在一名俄国参谋军官尸体上发现了一份文件，透露的进军路线和部署与电报所说一致。兴登堡马上下决心，除了留少量部队监视俄国第一集团军，集中主力歼击俄军第二集团军。

德军首先向后撤退，俄军指挥官误认为是德军全线败退，下令穷追，已经缺乏补给的部队在泥泞道路上继续行进。进入坦能堡地区时，近10万德军突然发起反击，缺弹少粮疲惫不堪的俄国第二集团军猝不及防，三天内全部被打垮，司令官萨姆索诺夫兵败后躲到森林里饮弹自尽。

◀

描绘坦能堡会战中德军打击俄军的画作。

　　9月2日，在德国西线调来的援军还未到时，兴登堡指挥的坦能堡战役便已结束，这是德国在一次大战中首次歼灭战获胜，也是著名的以少胜多的战例。这一仗俄军有9.2万人被俘，被击毙和失踪的人员有3万人，不少人逃跑时还掉到湖里淹死，武器装备的损失更是不计其数。兴登堡又同刚从西线调来的参谋长鲁登道夫一起指挥德军转移兵力，对付俄国一集团军。这支俄军正在掉头逃跑，在德军截击下被围歼于马祖里湖区。至9月13日战役结束，俄军损失了两个集团军，死伤被俘达25万人之多，德军的伤亡却不过1万人。

　　通过这一仗，兴登堡被德国人称为"军神"，被授予元帅军衔。

辅助他的鲁登道夫少将也被德皇看中，从此负责筹划东线作战。

在东线南部的加里西亚地区（如今的波兰南部），俄国的西南方面军从8月19日开始抗击奥匈帝国军队的进攻。由多民族混杂而成的"大杂烩"军队指挥不灵，除奥地利、匈牙利人之外，其他各族士兵多不愿打仗，结果投入进攻后不久就遭反击而败退。俄军乘胜深入奥匈帝国东部境内，占领了重要城市里沃夫（如今是西乌克兰地区的首府），不过很快出现后勤补给问题，在9月21日被迫停止了进攻。

俄军通过对奥匈军的胜利，在国际上多少挽回了一点面子。此时德国的主力兵力在西线，由奥匈帝国负责东线的主要作战任务，而俄国军队虽然打不过德军，但是对奥匈帝国的军队还可以占据上风，所以东线在1914年10月以后出现了僵局。

▶
俄国的哥萨克人随
后开战击败奥匈帝
国轻骑兵的画面。

此时在德皇和军方看来，在东线遏制住俄军即可，在西线取得胜利才是关键。

"马恩河奇迹"宣告了德国刚开战就出现失败预兆

1914年9月3日，德国5个集团军已接近巴黎，德国从皇帝到普通百姓都认为胜利即将到来。只有总参谋长小毛奇充满疑惑，"胜利者必然有俘获，但是追击法军以来我们的俘虏在哪儿呢？在格林有2万，其他地方合计起来，也只不过一两万人而已，再说缴获的大炮数量也较少。法国人是不是在有计划地撤退呢？"

法军的确是在撤退，而且英国在开战后马上实行征兵，一个多月内迅速将20万远征军运到法国北部和比利时西部，威胁到德军右侧。

▲
1914年开战后德军同法国交锋的场面。法国人当时还穿着非常显眼的旧式红蓝军装，很容易在战场上变成敌人的活靶子。

此时德军连续挺进300多千米，出现了供应不足，加上无线电技术还不过关而出现通信时常中断，各部队指挥官只好按自身判断前进。自8月初进入比利时境内，后因铁路破坏，德国又没有多少载重汽车，官兵都要背着几十公斤的装备一直靠双腿行军，体力已经透支。9月3日当天，德军官兵行走了近50千米，到达巴黎北面的马恩河边，法国目击者叙述的情况是——"许多人倒在地上，疲

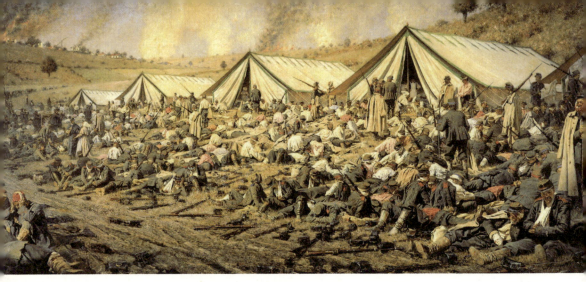

▲

表现法军在开战初期出现大量伤兵的油画。

▼

英法军指挥官在马恩河，前左为法军司令霞飞，他因此仗成名。

惫不堪，只是迷迷糊糊地嘀咕着：'50千米！50千米！'别的累得什么也说不出来了"。

此时德军前线指挥官又盲目自信，感到法国人溃不成军无力反击，又犯了一个大错误。他们几乎能看到艾菲尔铁塔时，却没有直接向巴黎前进，而是向东旋转，以配合东部的德军围歼法国第五集团军。这样，德军旋转战线上的侧翼就要从巴黎的近边经过，法国侦察飞机马上向首都的卫戍司令加利埃尼报告了这个情况，加利埃尼听后马上兴奋地喊道："他们把侧翼送上门来了！德国人怎么这样蠢！"

9月4日早上，法军总司令霞飞认为到了一个"必须立即行动"的时机，决定部队停止后撤，于9月6日开始发动全面反攻。此时英国远征军司令弗伦奇爵士

也同意霞飞的计划，并表示将"竭尽全力"参加战斗。

这天傍晚，霞飞向部队发布了一项简短的动员令："这是关系我们国家命运的一战。撤退的阶段已经结束，现在我们应全力以赴，向敌人进攻并把他们逐回！"法军官兵此时背靠首都，都认为不能再退，做好背水一战的准备。

▲
表现开战后的英军进入法国战场的油画。

此时战场在法国最大的城市巴黎城边，那里又是全国铁路网的中心，有迅速调动兵力和物资的便利条件。巴黎卫戍部队为迅速赶往前线，便让警察征集了大约 600 辆出租汽车，组织起战争史上第一支摩托化纵队，即后来著名的"马恩河出租汽车队"。这支车队不到一天就将 1 个师的兵力输送到战场，又因距离近得以快速往返运输，前线迅速得到几个师增援。法国的铁路网

▼
表现法国士兵通过"马恩河出租车"到达前线后集结的油画。

也比较发达，能将后方的兵力和物资以最快速度运来。

9月6日凌晨，法军在马恩河发起全线反攻，部队多是刚乘火车到达，或是原来就在巴黎驻扎，处于以逸待劳的地位。德军士兵却已疲惫不堪，后方还未完成铁路抢修，弹药、粮食和其他补给要靠马车运送，真是到了强弩之末的地步。

英军三个军此时也赶到马恩河西部，这就在巴黎北部的战线形成了英法联军以108万人对德军90万人的相对优势，马恩河边联军的兵力又超过德军一倍。由于这是一场双方都没有做好准备的遭遇战，战场上来不及修工事，两军全部暴露在地面上。此时谁的火力强、机动性、反应快，谁就占优势，而这三方面都是法军的强项。

▲
马恩河战场上遭遇的德军与法军近距离交火的画面。

在距离巴黎最近只有30千米的马恩河交战，法国在补给方面对德军有着"火车、汽车对马车"的优势，在马恩河前线一天能打20万发炮弹，而德军最多能达到其三分之一。法国的重机枪一天能打1万多发子弹，德国机枪的子弹供应只达到其一半。法国人又有空中侦察的优势，因机场距离前线近，飞机出动及时，白天能不间断在头顶侦察并向地面报告地面战场态势和德军后方动向。此时德国机场距离前线太远，到前线的侦察飞机不多且留空时间短，在很多时候不知道法军的情况。

双方激战两天后，德军兵力少和供应不足的弱点就充分暴露，其第一集团军和第二集团军之间的缺口被英国远征军突入，出现了遭分割包围的危险。9月9日，德军开始后撤，摆脱了受包围的威胁，至9月12日在长达200千米的战线上后退60千米左右，马恩河会战到此结束。

在这场为时7天的大会战中，英法联军伤亡26.3万人（其中英军伤亡1.3万人），德军伤亡22万人。英法联军数量多、火力强，伤亡却比德军大，说明德国士兵训练水平高，作战技巧强。不过协约国军粉碎了德军的速战速决的计划，保住了巴黎，毫无疑问是战胜者。

协约国军的这次胜利，被人们称为"马恩河畔的奇迹"。会战之前，几乎全世界都深信德军会很快胜利，双方的交锋却使第一次世界大战中的西线战场形成了胶着状态，人称"马恩河之战把德国人从道路上逼到了战壕里"。此战之前，法国还没有建立稳定的战线，德国还有可能迅速摧毁法军以结束战争，进入堑壕战后双方都不可能速胜。

马恩河会战的巨大战略性意义，又在于宣告了"施里芬计划"的破产，德国人丧失了先击败法国再转过身来对付俄国的唯一机会，从此陷入两线作战，这对一个缺乏资源的国家来说绝对是一个噩耗。

马恩河之战后，德军总参谋长小毛奇急忙对威廉二世说："陛下，

我们输掉了战争！"他主张及早罢手，尽快议和，威廉二世却将小毛奇撤职。至 1914 年末西线彻底稳定了下来。带刺的铁丝网、壕沟、机关枪，贯穿整个法国北部。未来的四年内，这条战线将像铜墙铁壁一样，万难突破。哪怕一仗伤亡几十万士兵，也不过将它在某些地段挪动几十千米。

当时在战壕里由二等兵熬到下士的希特勒，饱尝了战壕僵持战的苦头后，发明了"闪电战"，二次大战时在法国战场上没有重蹈马恩河覆辙，随后在苏联战场上却遇到了一个更大的"马恩河"。

马恩河战役在人类军事发展史上也有重要的意义，成为"两个开端"——战争从平面走上立体（飞机与地面作战配合）的开端，从徒步走向机械化车辆行动的开端。法国军队在马恩河的胜利，正是新作战方式、新技术的胜利。

第三章

海空领域
出现了
全新战场

自 1917 年以后，英国利用水上飞机进行反潜战的油画，这表明海空战立体化并结合在一起。

第一次世界大战与以往战争的一个重大区别，就是双方交锋刚开始，战场就从地面扩展到海面、水下，还上升到天空。德国因大舰不足，着重以潜艇攻击敌方海上交通线，英法则在大洋上围追歼击德舰并着力反潜。双方主要以欧洲大陆为战场时，海战由大西洋扩展到太平洋。德国还出动了飞艇对英伦实施空袭，作战飞机在前线也开始进行空战，人类就此出现了空中战争。海空战与陆战相比，更多地体现了科学技术的较量，科技也成为重要的战斗力。

没有基地的德国远东舰队难逃围歼

1914 年 8 月，德国拉着一个弱邻同时对三个强国开战，采取的方针是"陆攻海守"。当时德国和奥匈帝国海军总吨位还不及英法俄三国海军总吨位的三分之一，英舰又率先实行了"煤改油"的燃料革命而在航速上占优势。德国舰队若出海与之列阵决战，就会出现"胜不能追，败又难跑"的局面，主力只好躲在基尔港内。

大战开始后，英国海军封锁了德国通往北海的出海口，法国舰队将仅有 4 艘战列舰、总吨位不过 20 万吨的奥匈帝国海军封锁在地中海的港口中。刚重建的俄国海军因对马海战中舰队的覆没而心有余悸，不敢用大舰出海同德军作战，主要在波罗的海布雷以阻止德舰攻击首都彼得格勒。

大战开始时，德国在中国"租借"的青岛港有一支远东舰队和 5000 人的驻军。日本根据"英日同盟"对德宣战，目的是强夺青岛和太平洋上的德占岛屿。德国以中国青岛为基地的远东舰队由斯佩中将率领，以"沙恩霍斯特"号和"格奈森诺"号这 2 艘排水量 1.1 万吨、各装配 8 门 210 毫米口径炮的装甲巡洋舰为主力，另有排水量 3600 吨至 5000 吨的 4 艘轻型巡洋舰。此时日本海军吨位高达 78 万吨，德舰与之相比实力相差太大，于是斯佩在日本即将开战时就

▲

德国轻型巡洋舰
"埃姆登"号在
英国舰只追击和飞
机搜索下奔逃的画
面。

率远东分舰队向太平洋深处驶去。

斯佩舰队东驶时，为扰乱英国人视为"内湖"的印度洋，又派出装有 10 门 105 毫米口径炮、排水量仅 3600 吨的"埃姆登"号轻巡洋舰和一艘德国运煤船向西航行。该舰在印度洋内伪装成英舰活动到 11 月，行驶了 3 万海里，如同海盗般地劫获了 23 艘协约国船只（其多数在释放船员后炸沉），先后用 4 艘抢来的运煤船补充燃料，还炮轰了印度重要港口马德拉斯。"埃姆登"号又挂着英国旗突然接近马来亚海港内的俄国巡洋舰"珍珠"号，乘其不备发射鱼雷将其击沉。英法日出动了 78 艘舰船还派出飞机对其进行搜索，最后两艘澳大利亚巡洋舰找到"埃姆登"号，用绝对优势的火炮将其击中，该舰搁浅于岛礁后残余人员被俘。

德舰驶离青岛后，1914 年 9 月 2 日，日军无视中国政府的中立宣言，在山东龙口登陆，沿用过去对中俄两国作战时攻击港口的方式，从青岛港的背后包抄。此时青岛港内只剩一艘奥匈帝国的老式巡洋舰"伊丽莎白皇后"号，因日军舰队封锁无法开出而最后自沉。

此次日军出动了 4.5 万人，还首次使用水上飞机实施了空袭，自 10 月 31 日起用重炮对要塞进行了一周猛烈炮击。11 月 6 日，日军地面部队发起总攻，德军见坚守无望，决定投降。日本侵占青岛后盘踞多年不归还中国，成为引发五四运动的重要外因。战后经美国出面干涉，日军才于 1922 年退出。

日本陆军自新式建军起，就以德军为榜样，开战时也抱有再与德国勾结的想法，因而对青岛投降的战俘格外优待。这些人被送到

日本各企业务工，并付给高额工资直至战后遣返。

斯佩舰队驶向太平洋后隐匿了行踪，燃料补充却成了难题。靠预约的德国运输船赶到秘密地点加煤后，该舰队于1914年11月间在智利沿海消灭了英国海军一支分舰队；一个小时内击沉了"好望角"号和"蒙默思"号两艘万吨级的旧式装甲巡洋舰，自己舰队仅中6弹并有2人受伤。

斯佩舰队这一仗虽然取胜，却暴露了自身位置。这支舰队只能在海上飘荡，因为没有补给来源，又同本国失去电信联系，不可能持久，还容易落入陷阱。英国海军算定，斯佩舰队在太平洋上漂泊数月，已出现机械磨损和供应困难，必然要返回国内。英军在南大西洋的福克兰群岛（阿根廷称为马尔维纳斯群岛）集结了一支舰队，以这个海上交通枢纽为停泊基地等着斯佩舰队到来。

1914年12月8日午前，德国的远东舰队果然驶近福克兰群岛首府斯坦利港，此时斯佩犯了一个重大判断错误，认为这个过去冷清的港口内不会有多少敌舰，可以进去打劫。接近斯坦利港口时，斯佩用望远镜看到港内冒出的一股股烟柱（此时英舰中还有部分没有完成煤改油而仍然烧煤），说明有英国舰队停泊。

此时停泊在港内的英国舰队实力强大，有 2 艘战列巡洋舰、3 艘装甲巡洋舰、2 艘轻巡洋舰、1 艘前无畏舰（老式战列舰）。虽然英军一开始还没有发现德舰，不过海边有一个英国牧羊人看到远处大洋上的烟柱，马上向海军报告，英舰队马上下令全体准备出港。

▶
1914 年 12 月 8 日率先冲出斯坦利港追击德舰的英国"无敌"号战列巡洋舰的画面。

战后有专家总结此战说，斯坦利港的出口狭窄，仅能供两艘大舰同时开出，德国分舰队唯一正确的战法是驶到港口外面用火力堵住英舰，让对手冲不出港无法发挥数量优势，坚持到天黑再逃到夜幕中。斯佩此时又犯了一个致命错误，猜到英舰实力优于自己就马上撤退，时机选择失当。他让舰队转头北上，而英舰已知道他的到来，以双方的航速做比赛他肯定逃不掉。

果然，斯佩向北航行不久，就看到英国舰队从后面追来，又因英舰烧油航速快，距离越来越近。斯佩就让各舰分散奔逃，想待入夜后甩掉对手，结果更陷入任人宰杀的地步。

英国新型战列巡洋舰"无敌"号和"不屈"号排水量各为 1.7 万吨，都装配 8 门 305 毫米口径炮，以 25 节的航速在下午追上了航速只有 22 节的"沙恩霍斯特"号和"格奈森诺"号，并在 1.4 万米处持续射击。在这个距离，德国 210 毫米口径主炮的还击很难打中对手，自己却连被击中，经过英舰几小时轰击，"沙""格"两舰都因中弹太多沉没，斯佩本人和儿子一起沉入海底。

德国舰队中的 3 艘轻巡洋舰虽速度快一些，但也没有摆脱英国巡洋舰。在英舰紧追不舍地射击中有 2 艘沉没，只有"德雷斯顿"号最后逃入夜色之中。该舰掉头逃回到太平洋，成了无补给的孤舰，三个月后游荡到智利海面时被英舰截住而自沉。

▼
斯佩和两个儿子均在福克兰海战中阵亡。

▲
斯佩指挥的德国舰队在英舰追击下覆没的场景。

福克兰海战中，英舰只中了几发炮弹，仅 10 人死亡。德舰有 4 艘沉没，1871 人死亡，215 人被英军捞起俘虏。英国战列巡洋舰在追击时速度快、火力强，是获得胜利的关键。

德国远东舰队及其派到印度洋的"埃姆登"号的覆没都证明，

▲

德国表现斯佩舰队
最后沉没的油画，
虚构出这样一个水
兵挥军旗的形象，
事实上在沉舰形成
的旋涡中这完全不
可能。

在海外没有补给基地的情况下，面对强敌的搜索，大中型水面舰无法打持久的海上游击战。此后德军水面军舰停止了远海作战（只有少数伪装舰采取些袭击），英国海外殖民地的安全也得到了保证。

开战后德国原来的殖民地同本土断绝了联系，19 世纪末在非洲所占的 200 多万平方千米的土地也难以防卫。英国的非洲军团（主要是印度兵）和法国的北非军团向德属多哥、西南非洲（今天的纳米比亚）、喀麦隆发起进攻，这里的德国殖民军因兵力不足而且得

▶

描绘在非洲的德国
殖民军的画作，这
些军队坚持对英作
战 4 年。

不到补充而被迫投降。

德属东非（如今的坦桑尼亚）有一支仅有 200 名德籍士兵、2200 名黑人土著的部队，还有一艘湖面炮船，他们在警备军司令、普鲁士贵族雷托文·沃尔贝克中校带领下同英属印度部队进行了四年游击战。德军学习此前南非布尔人抗英游击战的榜样，以小股渗透、炸铁路、劫火车和就地补给的方式拖住了几万英国殖民军，一直坚持到 1918 年战争结束。西方人曾将这一规模不大的作战行动称为"世界最成功的游击战之一"，德属东非的作战也成为第一次世界大战在非洲的唯一战场。

德军潜艇战开创全新海战形式

大战爆发前，德军虽然只有 28 艘潜艇，却最早充分认识到了它在战争中的作用。1914 年 5 月德国海军的作战报告就提出——战时潜艇最重要的任务就是破坏英国的海上交通线，为此需要在英国周围部署 222 艘潜艇，就此制订了大量生产的计划。

英国海军在战前虽制造了数量远超德国的潜艇，却多系小吨位只适合近海活动。英国海军部 1912 年的报告还认为，潜艇攻击商船的可能性很低，因空间狭小无法处理战利品和被俘人员。当时国际法规定中立国商船不受侵犯，在拦截敌国商船时发现载有违禁品也只能带到本国港口处置，而潜艇没有这种捕获能力。海军大臣丘吉尔还断言，德国潜艇不会袭击非武装商船，"一个文明民族绝不会

▲
一战时德国潜艇对一些不大的商船往往用艇上的火炮击沉。

采取如此野蛮的做法"，"如果德国真这样做了，那就证明德国是一个海盗国家，这会引起国际社会的公愤，让很多中立国对德宣战"。

事实证明，英国低估了潜艇的战斗力，丘吉尔也高估了德国人的"文明"水平。德军战时果真采取海盗式袭击，给英国带来了很大麻烦，不过这种野蛮行径确也激怒了美国等中立国。

开战之后，8月28日英国出动巡洋舰—驱逐舰混合舰队，袭击了德国外海的赫尔戈兰岛海域，以1艘巡洋舰和3艘驱逐舰负伤的代价，一举击沉德军3艘轻巡洋舰和1艘驱逐舰，然后依仗着高航速在敌方战列舰增援前撤走。德军在海上首战失败，感到英国水面战舰的技术占优势，便侧重于潜艇出击。

刚开战后，8月6日德国海军潜艇部队司令部就派出一支潜艇支队，去袭击英国海军位于斯卡帕湾的主要海军基地。因首次出击技术不熟练，不仅未取得战果，还被敌舰撞沉一艘，并因事故损失一艘。

德国人总结经验，认为采取海上设伏方式最好。9 月 5 日"U-21"潜艇就在水下袭击，击沉了英国"探路者"号轻巡洋舰，不过此战并未引起重视，随后德国潜艇创造了"一艇沉三舰"的经典战绩才轰动了世界海军界。

德国 U-9 号潜艇一举击沉 3 艘英舰后凯旋回到国内港口的画面。

德国 U-9 号潜艇的剖面图，前部为鱼雷发射舱。该艇后来创造了击沉敌舰船数的纪录。

1914 年 9 月 23 日，德国 U-9 号潜艇在靠近英吉利海峡处潜航时发现了 3 艘英国重巡洋舰靠近，其排水量均为 1.2 万吨。此时英舰还无反潜意识，第一艘接近 U-9 艇潜伏位置时就被发射的鱼雷击沉，另一艘却以为是撞上水雷而停下抢救落水者，又被接着发射的两枚鱼雷击沉。第三艘英国巡洋舰这才意识到遭遇潜艇攻击，便朝怀疑是德艇的位置不断开炮，却没有做规避反潜动作，结果也被潜艇接

▲

表现 1914 年 9 月
23 日德国 U–9 潜
艇战绩的油画，近
处被击中的是第三
艘"克雷西"号装
甲巡洋舰，远处已
经倾覆和沉没了 2
艘英舰。

着发射的鱼雷击沉。

一小时内英国有 3 艘万吨级的巡洋舰被潜艇击沉，1459 名官兵
阵亡，这个消息马上让各国海军的传统海战思想出现转变，由专注
海面变为需要兼顾水下的反潜。

德国潜艇利用协约国军舰还未来得及采取反潜措施，10 月 11 日
又以 U–26 号潜艇在芬兰湾海域击沉排水量 7900 吨的俄国巡洋舰"帕
拉达"号，随后 U–9 号潜艇击沉了排水量 7000 吨的英国皇家海军"豪
克"号轻巡洋舰。1915 年元旦，德国潜艇又击沉了排水量 1.5 万吨
的英国"可畏"号旧式战列舰。

德国潜艇的这些战果，使其成了第二帝国的新希望，海军头目
向政府夸耀说："我们没有制海权，但是我们有 U 艇。"1915 年 2
月 5 日，德国宣布开始第一次无限制潜艇战，即对接近英国的船只
都要击沉，想以此窒息对手的经济运转。

奥匈帝国海军潜艇部队规模小，以普拉港为基地，目标是在地中海打击英法水面军舰。1915 年 4 月 27 日夜，在亚得里亚海的奥军潜艇发射的两枚鱼雷击沉了排水量 1.25 万吨的法国装甲巡洋舰"里昂·甘贝塔"号，成为潜艇首次在夜间水下攻击奏捷。

德国潜艇在战争初期虽显示出威力，却暴露出重大弱点，那就是只能对敌舰实施偷袭，很难攻击有准备的军舰。德国建造数

量较多的 UBIII 型潜艇排水量 600 多吨，水上最高航速 13 节，水下最高航速只 8 节，蓄电池只能维持 1 小时的高速水下航行。受限于这种低下的水下续航力，潜艇巡航时普遍在水上以柴油机驱动，发现目标时再下潜，因水下航速低只能采用伏击，往往只有一次攻击机会。潜艇发射鱼雷若没有击中，目标驶走后也追不上，只能上浮后用炮轰击，当时潜艇击沉商船大多是开炮而非用鱼雷。

1915 年 5 月 7 日，德国 U-21 号潜艇发射的鱼雷击沉了英国附近海域上排水量 3 万吨的"路西塔尼亚"号邮轮，导致 1198 人丧生，其中包括 128 名美国人。德国人认为此举并未违反战争规则，因"路西塔尼亚"号在英国注册，又在交战区域内航行，船上还装载了大量的步枪和炸药。美国却对此事提出强烈抗议，并暗示准备参战，

德国被迫宣布潜艇不再攻击客轮。此后，英国将很多货物装在客轮上运输，这就导致德国的水下封锁战难以发挥作用。

开战后，英国也派出本国的潜艇出击，却因德国和奥匈帝国的民用轮船几乎都不出远洋而找不到目标。1914年12月，英国潜艇在达达尼尔海峡外击沉了一艘德国淘汰后卖给土耳其的旧式战列舰，这也使土方海军不敢轻易进入地中海。

西欧战场陷入僵局后，英法调集舰队到希腊，准备对土耳其实施登陆战。德军马上派出U-21号潜艇航行4000余海里进入地中海，并在5月25日夜间潜入协约国在希腊的海军集结地。此时英法军舰以为地中海没有德国潜艇，只注重海面警戒。U-21号从水下钻进有几十艘舰船的锚地后，首先选中英国旧式战列舰"凯旋"号发射鱼雷，

▼
德国潜艇遇到英国"诱饵"船攻击的画面。

命中后引起了舰内爆炸，使其几分钟后就沉入海底。英法舰队顿时四处搜索，U-21号却藏在"凯旋"号残躯旁躲过。

过了两天，U-21号待港内平静后，又发射鱼雷击沉英国另一艘旧式战列舰"尊严"号，在对方混乱时溜出锚地。德军潜艇能以偷袭手段将2艘战列舰击沉，创造了海战史上的纪录。不过此后协约国加强了对水下的探测和警戒，德国潜艇就很难接近军舰实施攻击。

英国和法国的水面货运船舶，是德国潜艇攻击的重点。到1915年底，被德国潜

艇击沉的总吨位数已达到85.5万吨，而德潜艇损失仅20艘。此时英国开始使用"U艇诱饵"，即外观看起来像是货轮的武装商船，船上隐蔽安装了火炮和鱼雷发射装置，诱使德国潜艇浮上水面靠近时再攻击。德国潜艇吃亏后，再发现海上船只就不轻易上浮，不加警告就在水下发射鱼雷进行攻击。

英国通过总结经验教训，认为单个出海的船只容易遭受攻击，便采取了最行之有效的反潜措施——建立护航体制，将出海的运输船只组

▲
描绘1915年德国潜艇击沉英国货船的画作，当时德军还按战争法则在发鱼雷前允许船员乘小艇离开，后因英国采取"货船诱饵"而实行无警告攻击。

◄
表现德国潜艇被撞沉的油画。

成编队，由驱逐舰、护卫舰护航，遭到潜艇攻击就马上以深水炸弹反击，这样就能在白天基本保障船队安全。当时德国潜艇夜间观察能力差，黑暗中攻击效果不好，想切断英国海上运输的企图就无法得逞。

大战开始后美国利用英法俄急需其出口物资，由战前对英国的债务国而迅速变成债权国。对德国的采购要求，美国只要有钱可赚也不拒绝，只是因英国封锁了北海不能沟通航路。德国专门生产了大运载量的非武装的民用潜艇"德意志"号，于 1916 年 6 月满载贵重货物驶离德国不莱梅港，并于 7 月顺利抵达美国的巴尔的摩港。8 月间，"德意志"号又满载价值超过本身造价 10 倍的货物起程返航，在 8 月返回了德国港口。此后几个月间，"德意志"号又完成了几次横渡大西洋的经贸运输任务，直至美国对德宣战才停止。

德国的"福克旋风"推动了空战发展

第一次世界大战开始时，各国已装备了 1500 架飞机，机上却没有射击武器，在前线只能用于侦察。1914 年 10 月，法军飞行员约瑟夫·弗朗茨驾机在己方阵地上空巡逻，观察员在位于靴形短舱的前部装上一挺 7.7 毫米口径轻机枪。此时一架德国双座侦察机闯入了视野，机枪马上吐出了"火舌"将其击中坠毁。这是战争史上第一次用机枪空战而且有了战果。

看到空战的战果，从 1915 年起法、德、英便开始生产专用战斗机，上面安装机枪和简易瞄准具，随后俄国也少量进口试用。当时飞机上的机枪安装在舱头才便于瞄准，那里却是安装螺旋桨的位置，发射子弹时容易打中自己的螺旋桨叶片。最早的航空机枪只好安装在双翼机上翼表面，进行瞄准射击时，射手必须站起来操作，在时速为100多千米的大风中完成这种动作非常有难度。

此时德国重用了一位荷兰的发明家安东尼·福克，此人在本国设计飞机时并不受重视，便到德国得到军界投资，在柏林附近建立了福克飞机制造厂。大战爆发后荷兰宣布中立，德国军方让福克加入德籍却遭到拒绝。接着，德军要求他驾驶飞机打掉敌机以示忠心，福克也以中立国公民身份不同意。德国一面不准他出境，一面又按生产飞机数量给予提成作为利诱。福克随后研制出 D-7 和 D-8 两款火力强大的战斗机，被英军惊恐地称为"飞行剃刀"。英国人曾秘密致信福克，许诺可付 1000 万英镑（价值相当于现在几亿美元）请他帮助设计一种战斗机，德国情报机构却秘密扣住此信。

福克从来没有摆弄过机枪，却同机械师们通过研制，解决了一项空战史上的重大问题，即发现了"射击同步协调器"，办法是采用凸轮系统，让机枪只能在螺旋桨不成一条直线时射击，子弹通过机械连动当枪口指向桨叶间隙时射出，不会打中螺旋桨叶片。这样飞机可省去专门射手，驾驶员在座位上自己就能操控机枪射击，就此战

▲

在德国研制飞机的荷兰人安东尼·福克的照片。

斗机上一般只配备一人。

"福克"式战斗机安装了 2 挺 7.92 毫米口径的机枪，时速达到 140 千米，在 1915 年春天参加空战后就压倒了英法所有战斗机，出现了恐怖的"福克灾难"。英法毕竟有雄厚的科技和工业基础，通过研究击落的德国战斗机装置，所产飞机也采取了"射击同步协调器"，航速也得到提升，在空战中又能对等较量。

1915 年 6 月，德国投入了福克 E.I 战斗机，这是世界上第一种配备同步机枪的战斗机。机枪配备在飞行员最好的瞄准角度上——发动机顶部。

交战国频繁实施空战，使其发展成为一门专门的格斗艺术。由于气动设计的限制，战斗机想要在垂直面上运动相对困难，于是战斗机主要采取水平面上的盘旋"咬尾"。这种绕到对手背后再开火的战术，在后来的空战中延续使用了几十年。

当时交战国为在空战中表彰"王牌"飞行员，一般以击落敌机 5 架为标准。第一次世界大战中出现得最早的空战明星是德国的冯·里希特霍芬，他一共击落协约国 80 架飞机。

冯·里希特霍芬出身军官世家，在穷兵黩武的德国教育制度下，

11 岁进入少年军校，在体操和马术方面显示出过人的天赋，说明他的体能协调能力强和反应快，这都是优秀飞行员的重要身体条件。

军校毕业后，冯·里希特霍芬进入骑兵部队，开战后自愿要求学飞机，仅接受 24 个小时初步训练就第一次放了单飞！经几个月培训，这个新手在 1915 年成为侦察机飞行员，翌年成为战斗机飞行员。1917 年 4 月，他创造了一天击落敌机 4 架、一个月击落敌机 29 架的纪录，一时名扬参战各国。

冯·里希特霍芬通过空战实践，总结了一套格斗原则，概括为"最好把敌人放到家里打"。他在空战时往往让对手先冲过来，在周旋中暴露出弱点再寻机攻击。这个头号王牌将自己战机的一部分涂成了血红色，便于地面友军识别以防止误击，在英国宣传机器中就此有一个响当当的绰号——"红男爵"。

1918 年 4 月 21 日，已经升任以他名字命名的飞行联队的联队长的冯·里希特霍芬上尉在索姆河英军阵地上空被子弹击中身亡，年仅 25 岁。当时双方还有些古代骑士风度，英国人为"红男爵"举行了隆重葬礼，为显示军衔对等，由 6 名英法军上尉抬着敌人的棺木在鸣枪致敬下送入墓穴。

▲
"红男爵"冯·里希特霍芬，一次大战史上最负盛名的空中王牌，有 80 架击落记录。

▼
描绘"红男爵"驾机在英机包围下奋战的油画。

头号王牌冯·里希特霍芬阵亡后，联队长由赫尔曼·戈林上尉继任。此人 12 岁就入士官学校，战争开始时是步兵少尉，后自愿学飞行，由侦察机飞行员变成战斗机飞行员，战绩是击落 22 架敌机，并在下一次世界大战中以成为纳粹党二号头目而恶名传遍世界。

此时只装备机枪的轻型飞机属于战斗机和侦察机，因飞机速度慢（一般时速只有 100 多千米），若低空飞行时容易被地面火力击中，因而多在中高空飞行而很少用于对地攻击。

航空技术用于战争使空袭和防空同步产生

人类航空技术的成果，在第一次世界大战中表现为空中轰炸的迅速发展。水上飞机、飞艇和专门的轰炸机相继在空中实施投弹，空袭成为军队和民间都需要应对的重大威胁。

英国作为传统的海军强国，特别注重飞机同军舰相结合。1912年英国海军对一艘老巡洋舰"竞技神"号进行了大规模改装，在舰首铺设了一个平台用于停放水上飞机，并加装了一个大吊杆对其进行搬运，从而建成了世界上第一艘水上飞机母舰。不过舰上没有跑道，所载的飞机都需要从水上起飞并在水上降落，然后再从水中提升到军舰上运载。

1914年12月25日，英国出动刚由渡轮改建成的3艘水上飞机母舰组成的一支特混舰队，在海上起飞袭击德国飞艇基地和港内舰队，因浓雾弥漫飞行员投弹不准，加上携带的炸弹威力也太小，未取得战果却显示出新战法。

英国吸取空中轰炸的经验，开始为水上飞机装载鱼雷。1915年8月12日，在土耳其海峡的作战中，英国从水上飞机母舰上起飞的飞机投下一枚367公斤重的鱼雷，击沉了一艘5000吨级的土耳其运输舰。这是水上飞机空中攻击的第一次重大战果。

大战前的德国发展航空器的重点是飞艇，对法国开战三天后即8月6日就以"齐柏林"飞艇对比利时的列日要塞进行了轰炸。英国本土因有海峡的安全屏障，因此躲过了空袭。

1915年5月31日，伦敦首次遭受德国飞艇空袭。这天夜里，"齐柏林"式飞艇在2000米以上盲目投弹，伦敦市内12部探照灯因功率太小照射不到，城中仅有的7门高炮只好对空盲目射击。在投弹爆炸和对空射击的轰鸣中，市民大都不知所措，纷纷向地铁入口处奔逃。德国人当时没有专门的航空炸弹，投下的是靠尾翼导向的迫

轰炸伦敦的齐柏林飞艇。

击炮弹，数量又很少，这一夜只炸死 7 个市民，炸伤了 31 人，而对伦敦市民造成的心理打击却很严重。轰炸后的几天里，伦敦便有数十万人扶老携幼涌向车站打算逃离。300 年来以繁华享誉世界的雾都就此变得萧条冷落。

大战初期逞凶一时的德国飞艇，虽然在英国造成了"齐柏林恐慌"，不过飞艇目标过大航速又慢，白天容易被打中起火，夜袭又在风暴等条件下事故频发，不久便退出了战场。

1916 年最早出现的轰炸机。

1916 年俄国的西科斯基最早研制出使用进口航空发动机的轰炸机，其他强国也随之制造这种使用多个发动机的大型飞机，将其作为空袭的基本武器。当时的空袭受技术水平所限，只能打击"面"而无法精确轰炸政治军事的要"点"，例如对铁路车站这样的大目标的投弹命中率也只有 2%，然而随时可能出现的轰炸却使地处战略后方的人们失去了过去的安全感，工厂、居民区和运输枢纽时刻都会受到空中威胁。

　　铁定的军事斗争规律是，"矛"的发展会刺激"盾"的增强。受空袭的英国人最早组织了防空，一些 82 毫米的野战炮和海防炮被

▼
法国最早研制出的
高射炮的照片。

改换了炮架，作为大仰角的高射炮。原先用于舞台照明的乙炔灯经过增大功率变成了探照灯，大口径机枪也用于对空而改造成高射机枪。

高射炮问世之初，设计很不完善，据统计在1916年击落一架飞机平均消耗炮弹9500发。经过同飞机斗法改进性能，高射炮在两年后击落一架飞机平均耗弹减为3000发。各强国都建立了专门的高炮部队，数量增加也很快。各国高射炮兵在防空作战中也初步形成了一套基本的原则，如集中配置、环形部署、集火射击等。

通过防空战体验，许多军界要员感到高射炮防空属于被动型，要处处设防把炮口指向天空，敌机不来时无所事事，集中轰炸时又抵御不住。各国就此普遍认为，防御飞机的最有效方法还是以战斗机拦截，再配合使用地面的高炮。经过探索，各国为防空作战划分了空域，一般由战斗机担负远程拦截，高射炮担负要点的近距离拦阻射击。

由于来袭敌机有时采取低空攻击，战斗机难以拦截，于是人们又想到气球的作用。1916年以后，伦敦和巴黎近郊建起了气球下系着绳索和铁丝的拦阻网。在普通人看来，城市上空由细线牵挂着一群群硕大的气球是一幅颇为别致的画面，在飞行员看来，这却是死亡的绊索。

空袭带来的破坏和火灾，迫使敌方飞机航程内的各城市思考应对方法。伦敦和巴黎首先在各街道建立了专门的民间消防队，为对付夜间空袭，许多城市还实行了灯火管制。各家各户都奉命在天黑

后紧密遮蔽窗子，以防亮光外泄。为减少轰炸的伤亡，城市的地铁和大厦的地下室被开辟为防空隐蔽所，成千上万的居民还被动员起来挖掘防空洞。过去一向讲究风度仪表的英国中老年绅士和淑女们，此时也在号令下排列成队，拿着铁锹掘土挖地，在多雾多雨的天气中个个搞得如同泥猴一般。

　　事实证明，飞机问世后的无情战争法则改变了原来的前方、后方概念，使全民都投入到防空斗争之中。英国伦敦建立了最早的防空系统，法国和德国西部一些城市也做了相应的部署。只是俄国各大城市远离前线，加上国家落后，战时的航空业和防空的建设都很差。

　　欧洲开始大战后，美国置身事外，却成为世界最大的船舶、飞机的生产大国，产品大量销往协约国特别是英国和法国。美国陆军也建立了航空队，在没有参战的情况下主要学习英国的空战经验。

▲
一次大战中大量飞机的参战形成了对陆战场上的重大影响，这是战斗机在康布雷战场上的场面。

此时英军主要依靠大西洋对岸的物资供应，只得无保留地提供自己新的战术和技术创新。这样，"坐山观虎斗"的美国看着别人交战而自己捡便宜，充分表现出商业帝国主义狡猾贪婪的本性。

第四章

德奥土东线告捷
却未打破僵局

1914 年秋天德军"先西后东"的速战计划落空，德奥军处于东、西、南三面受敌的状态，西线在马恩河一战后又陷入了难以打破的堑壕对峙。进入 1915 年后，德国统帅部决定把战略重点转到东线，想先打败俄国迫其退出战争。德军在攻势中推进了几百千米，沙俄军队虽然损兵达 200 万却因兵多和土地广阔仍坚持作战，拉长了战线的德军和奥匈军又失去了后劲。德军取得了战役胜利，在战略上却陷入了危机，多线作战的困境并没有改变。

▶
这幅漫画表现了
1915 年初德奥军
同英法俄和塞军多
面作战，南面的意
大利则在观望。

俄军对土耳其进攻获胜却继续败于德军

　　沙皇俄国以帮助塞尔维亚之名卷入同德国、奥匈帝国的大战，主要目标是最后消灭土耳其奥斯曼帝国，夺取几百年来梦寐以求的君士坦丁堡。俄国的南下企图，正是奥斯曼帝国苏丹和身边掌权的

少壮派挥之不去的噩梦，本着"敌人的敌人就是朋友"的原则，当俄德出现敌对关系时就必然投靠德国。

进入 19 世纪后，土耳其为防范百年宿敌沙俄而长期靠英法以武力支撑。1907 年英法俄三国结盟后，奥斯曼帝国上层就预感到自己将要被英国人和法国人当作礼物送给俄国。此时新崛起的德国向土耳其伸出援手，提供贷款改善军备，派来军事顾问团帮助训练军队。1914 年 8 月 1 日德俄宣战后，8 月 2 日土耳其便同德国签订了秘密的同盟协定。

法国画刊描绘的奥斯曼帝国苏丹大战前在青年土耳其党鼓动下采取亲德立场。

奥斯曼帝国偷偷对德签约时，苏丹还因畏惧英法，没有正式对协约国宣战。他身边那批以德国军国主义为榜样的"青年土耳其党"少壮派却鼓吹不要再犹豫。此时英国的一个鲁莽之举又让奥斯曼帝国上层最终下定决心。

1914 年 7 月间，土耳其在英国付款订购的两艘 2.7 万吨级的战列舰已造好，接舰的水兵都已上舰接手准备启航。英国却在对德国宣战后的第三天即 8 月 6 日突然宣布，要征用这两艘还停泊在本国军港的战列舰，已付清的造舰款要待战争结束才归还（或者届时再还舰）。为造这两艘大舰，土耳其举国动员，连小学生都参加了捐款，而英国如此傲慢的举动怎能不让奥斯曼帝国举国激愤？

后来有人评论说："英国人不会算账，为两艘战列舰得罪一个有 5000 万人口的国家，让德国得到东方一个巨大助手。"然而，情况却非如此简单。白金汉宫的主人敢如此对待土耳其，一方面是通过情报已知道土德两国秘密结盟，自然不会送两艘大舰资敌。另一方面，英国还乐于激怒土耳其让其站在德国一边参战，这样才能吊起俄国参加瓜分土耳其的胃口而积极参战，何况这时的英法都认为那个土耳其不堪一击。

8月16日，地中海上的德国2.3万吨排水量的战列巡洋舰"戈本"号和4700吨的轻型巡洋舰"布雷斯劳"号因直布罗陀海峡被英国封锁，无法返国而东驶进入土耳其港口。威廉二世皇帝"慷慨"地宣布，将这两艘舰"赠送"给土耳其！刚被英国人没收军舰而激怒的土耳其人马上向德国人欢呼，这两艘军舰上的德国官兵又换上奥斯曼帝国海军服，继续操作舰只，实际根据驻土德军顾问的命令行事。

10月中旬，已换上土耳其旗帜的德国战列巡洋舰"戈本"号在黑海内北上，轰击了俄国港口，等于将土耳其拉上同盟国战车。10月29日，奥斯曼帝国宣布对协约国开战，在高加索对俄国又开辟了

▶
德国的"戈本"号战列巡洋舰的油画，它开到土耳其后加速了该国参战。

一个新战场。中东的土军又对英国开辟了新战场，苏伊士运河方向采取了守势，伊拉克方向则采取攻势。苏丹还利用自己哈里发的宗教地位，号召中东上亿穆斯林起来反抗英法俄，结果效果并不明显，因为英国许诺中东的阿拉伯人站到自己一边就能让他们建国。

土耳其参战后，俄军于11月间穿过高加索边境分几路攻击土境内的亚美尼亚地区，冬天的第一场大雪却让双方被迫停止行动。1914年12月26日至1915年1月的战事中，土军在俄军打击下溃不成军，战场上9.5万人的部队只剩下了1.8万人逃回。由于战区山高路险，俄军供应能力也差，未能继续挺进。

▲
俄国描绘对土耳其
开战的宣传画。

在俄德边境地区，俄军继开战时有两个集团军被歼后，1915年初再度遭遇大败。1月31日，在军界"新星"鲁登道夫策划之下，德军发动了第二次马祖里湖会战，击溃了刚赶到这里的俄军，会战在2月21日结束时就抓到近10万俄军俘虏。

俄军面对强劲的德军进攻，又想避强打弱，于1月23日向奥匈军进攻，企图夺取喀尔巴阡山脉山口，再进攻匈牙利首都布达佩斯。这次喀尔巴阡战役开始时，俄军取得大捷。3月22日攻下了普塞密士要塞，守军11万人投降。不过当德军前来增援盟友时，战场形势马上逆转，德奥联军不仅守住了阵地还转入反攻。

德军打败俄军清点战场时，发现对手的装备很差，三分之一以

上的士兵还没有武器，而且大多数是只训练了四周的新兵。俄军火炮数量虽不少，却由于炮弹补给困难，多数

炮兵指挥官得到的命令是"每门炮每天不得发射三发以上炮弹"。

沙皇俄国在历史上一向穷兵黩武，近代工业水平却很落后。大战开始前，俄国虽号称能生产枪炮，产量却很低，并需要为工厂进口机器和特种钢。至于内燃机发动机、电动机等，俄国还不能生产，因而造不出汽车、装甲车和飞机，所产军舰也要靠进口机件、舰炮和装甲钢。其生产的炮弹也远弥补不了战场消耗，在战场上总出现火力不足的情况。

大战开始时，俄军步枪装备储存量共400万支，军队扩充后枪支就明显不够，只好从过去的死敌、当时又属协约国盟友的日

本那里进口了几十万支三八式步枪及子弹。日本当局一向心狠手黑，如三八步枪造价不过 20 日元，每枪再附加 200 发子弹，却索价 60 卢布（当时日元与卢布基本等值），还要求俄方预先运来黄金支付。俄海军缺少军舰，又向日方索要 1905 年战败时被其打捞起的十余艘旧舰，日本也要求按原造价六折交钱。如著名的"瓦良格"号巡洋舰原造价 600 万卢布，自沉后被日军捞起改名为"宗谷"号作为训练舰，此时又以 400 万日元将这艘已经老旧的军舰卖给了昔日的主人。

开战时欧洲各国评论称："俄国唯一的优势是不缺士兵。"此时全俄人口达 1.5 亿，相当于德奥土三国的人口总和，俄军士兵素质却很差。当时俄国人口有 85% 在农村，绝大多数是文盲，俄军开战后为保障工业生产主要在农村征兵，入伍的士兵只经过仓促训练。一个德国兵上战场前至少在训练中打过 500 发子弹，众多俄国新兵只打过几枪甚至没有开过枪。何况沙俄境内有 100 多个民族，许多人仇视沙皇政权，被迫当兵后也不愿卖命。

▼
表现意大利对奥匈帝国开战之后抓到俘虏的油画。

大战开始后，原来是德奥盟国的意大利却反戈一击，于 1915 年 5 月宣布加入协约国。国民缺乏尚武精神的意大利一向善于投机，此前加入德奥的同盟国，是想壮声势以争夺北非的

法国殖民地，并不想得罪英国。大战开始时，意大利观望了几个月，向英法和德奥同时索要参战的价码。看到德军在西线陷入僵局，奥匈军在东线又不敌俄军，英法两国还答应在战后可将奥匈帝国部分领土相割让，重利轻义的意大利首先就对奥匈帝国宣战。

意大利军队战斗力很差，宣战开始时在奥境内稍有进展，遇反击就损失近30万人，败退到本国境内依靠山区防守。不过意军此举还是拖住了奥匈军部分兵力，减轻了俄军的压力。

此时对俄国最大的威胁，还是从西线向东调动的德军，从1915年1月至4月就有14个师开到。沙皇尼古拉二世一再向英法大使和军事代表团提出，巴黎危机时俄国不顾牺牲进攻德国，现在盟国也应回报自己。

英法进行加里波利登陆战却败给土耳其

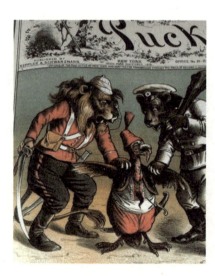

▶
漫画《英国狮和俄国熊一起对付土耳其鸭》，这形象说明了大战开始时的奥斯曼帝国面临被瓜分的处境。

1914年10月以后，法国北部700公里的战线上双方陷入难以打破的僵局。年终时，英国年轻的海军大臣丘吉尔提出一个建议，调动舰队打通土耳其海峡，攻下伊斯坦布尔，一举打垮德国在东方的盟友土耳其，并能建立一条快捷地到达俄国黑海边的海运通道。

俄国开战后就因装备不足而大败，英法承诺提供援助却遇到运输难题。在波罗的海完全被德国封锁的情况下，船只通过北冰洋航线可达俄北冰洋沿岸，然而那里唯一的不冻港摩尔曼斯克直至1916年才能建成并通火车。英法驶向海参崴的太平洋航线距离太远，物资送上岸后又要经西伯利亚大铁路万里输送，运量非常有限。沙俄总抱怨盟友"供血不足"，希望英法能打通土耳其海峡。

丘吉尔提出方案后，英国和法国政府都表示赞成。他们甚至狂傲地认为，只要强大的英法舰队在海峡现身，奥斯曼帝国就会崩溃，事实却证明这是英国人的一场灾难。

从1915年初开始，英法两国就向希腊爱琴海北部调集军舰。此时法国海军主力在地中海封锁奥匈帝国海军，只抽调了一些旧式舰只。英军新锐战舰用于封锁德国，调来的舰只都是"无畏舰"问世前的旧式战列舰和驱逐舰。英法双方共集结了战列舰11艘、巡洋舰1艘、驱逐舰16艘、潜艇7艘、扫雷舰21艘，同弱小的土耳其海军相比已是绝对优势。

英国集结舰队前，又派潜艇击沉了一艘土耳其的老式德制战列舰，土军舰队（包括其中的两艘德舰）逃出地中海躲入黑海，这就为在海峡边的波里波利半岛登陆扫清了海上障碍。

此时英国陆军兵力不足，为登陆而从澳大利亚、新西兰和法国拼凑了20万部队。这些匆匆赶到的军队对达达尼尔海峡缺乏了解，统帅部只有多年前一张不完善的作战区域地图，下发给登陆部队的

竟是在伦敦书店买来的《伊斯坦布尔旅游指南》中的简单附图。

如此大规模的集结调动，不可能不露出风声，德军顾问已让土耳其把两个集团军分别调到达达尼尔海峡两侧，并修建了坚固的工事，还准备近 200 门火炮，同时组织了水雷布设队。

1915 年 2 月 19 日，英法联合舰队先行到达的几艘战舰开到了达达尼尔海峡，向岸边的土军工事实施炮击，如此过早地暴露进攻位置只能让对方有充分的准备时间。

炮击近一个月后，3 月 18 日英法 16 艘军舰才驶到宽度只有几千米的达达尼尔海峡边，土耳其军以火炮还击。英法战舰的坚甲未受大的损害，大口径舰炮的还击还很快占了上风，摧毁了土军许多堡垒和炮位，不过水下的灾难却马上出现。

英法舰队在

前一天虽进行了扫雷，没想到天黑后土方又派出一艘布雷艇。法国旧式战列舰"布韦"号先撞上水雷，舰上600多人随舰如同一块石头般迅速下沉。英舰"坚强"号战列舰接着在"布韦"号沉没不远处又触发了一枚水雷，导致右舷倾斜，歪歪斜斜地开出了海峡又逐渐下沉。英国另一艘老战列舰"无敌"号也撞上水雷，战列舰"大洋"号奉命去拖带时再触雷被炸，无法挽救都相继沉没。

土耳其军在德国人帮助下实施的这次水雷战，一举摧毁英法4艘战列舰，打破了俄国人在旅顺布雷一举炸沉日本2艘战列舰的纪录。英法舰队后退时，登陆部队却按原来的命令登陆，在失去海上火力掩护的情况下，英军在岸边攀登悬崖时遭到土耳其军队猛烈射击，一时死伤惨重，指挥陆军的卡登上将也负了伤，英法联军不得不将上岸的部队撤回船上。

伊斯坦布尔城内的土耳其政府过去一向敬畏英法，得知两国舰队来攻正准备弃城，忙于转移黄金、艺术珍品和其他珍宝。此时得到海边捷报，苏丹才安下心来，下属也有了斗志。

英法联军为挽回脸面，仍调海陆军前来，并希望俄军加强高加索的攻势并派海军在黑海配合。3月间，英法同沙俄正式签订了战后的分赃协定，海峡和伊斯坦布尔划归俄国，叙利亚等地归法国，英国视情况再占其他部分。

俄国在分赃条约中圆了几百年的宿愿，随后在德军进攻中却遭受空前惨败，陆军无力采取牵制行动，黑海舰队因任何一艘军舰都敌不过德国的"戈本"号也不敢出击。

英军在加里波利半岛登陆，同土耳其守军激战的油画。

4月25日夜，英法舰队又驶到加里波利半岛前，运送部队登陆。此前英法军队和刚调来的澳大利亚、新西兰部队的指挥官意见不一，有人认为白天进攻便于舰炮掩护，有人认为夜间隐蔽上岸才能减少伤亡。最高指挥官感到难协调，索性让各部队自己决定进攻时间和地点，这在需要紧密配合的登陆战中就造成一片混乱。

澳新军团没有受过夜间登陆训练，对半岛地形又不大清楚而搞错了登陆点，在目标以北的一个无名地点上岸。同一天，英国和印度部队登陆勉强成功，损失却不小。法军在海峡对面登陆，因进展不利，又后撤到海峡对岸的英军一边。上岸部队未能向内陆推进，只占据了纵深不过几千米的滩头立足点。

此时加里波利半岛受攻击的海峡右侧，有土耳其一个集团军8万人防守，其中第十九师的师长是凯末尔。他所率部队只有登陆的澳新军团人数的一半，却能组织火力挡住对手，接着率士兵高呼"安拉"以刺刀冲击，将双方争夺的山头打成"血岭"。澳新军团连续撤出两道山岭，靠海上舰炮火力支援才在岸边勉强站住脚。通过此战，凯末尔升任少将军长，成为举国著名的英雄，这为他日后成为创建"土耳其共和国"的"国父"奠定了基础。

英法军队登陆尝到苦头，才感到土耳其军队在德国顾问调教下有了脱胎换骨的改变。在半年多时间里，英、法、澳、新又派部队不断向滩头增援，因土军阻击无法前进，在海边泥泞中进退两难。秋天雨季来临时，联军众多战壕被水淹没，不少士兵生病。接着寒冬到来，联军官兵因只有简单的帐篷，出现大量冻伤，还有人被冻死。土军物资条件虽差，不远处却有大片房屋，战场距首都仅几十公里，这便于部队供应和轮换休息。

▲

在加里波利指挥作战的土耳其第十九师师长凯末尔（中）的形象，他后来成为土耳其共和国的缔造者。

进入 11 月下旬，英国国防大臣基钦纳视察加里波利登陆战场后，见僵持下去也无法突破，便下令撤退。从 12 月下旬开始，英法澳新部队白天实施佯攻，晚间分批上船，土军一直没有察觉。1916 年 1 月 9 日，最后一名澳新军团士兵离开海滩时，土军还向空荡荡的战

◀

表现澳新军团在加里波利登陆的油画。

表现加里波利登陆战的澳新军团士兵的纪念碑雕塑。

壕炮击。这次撤退行动虽成功，整个登陆战却是大败，英国海军大臣丘吉尔因此被降职到西线陆军当了一年少校营长，随后才复职。

加里波利登陆战，是第一次世界大战中最大的登陆战，英法联军有绝对优势的海军和雄厚的陆军仍遭失败，说明其还未掌握现代登陆战的规律。此役英法澳新印官兵共有50万人上岸，付出18万人的战斗伤亡，再加上病冻共减员26万人。土耳其军队伤亡病相加共减员25万人，有这样的损失对比说明土耳其的战斗素质远比预想要高。

此次登陆战役未成功，在战争史上产生了重大影响。俄军得不到有效的海路补给，加剧了后来的失败（当然也利于引发革命）。澳大利亚人和新西兰人通过参战并付出牺牲，滋生了自主意识，促进了后来的独立。土耳其人首次取得打败西方强国的战绩，一时国内士气大振。1915年12月，土军又在巴格达南部的卡塔城包围了一支8000人的英国军官指挥的印度部队，后来迫其投降。奥斯曼军队的这些胜利，一时改变了自己的形象，突厥主义思潮也高涨起来。

俄军惨败损兵 200 万，仍以人力众多坚持战争

1915 年春季，德军通过增兵，在东线集结了 60 个师 100 多万兵力，奥匈帝国在前线的 100 多万部队也归德军指挥，一场空前规模的大会战随之展开。

东线这次进攻中，出现了德国另一个"军神"即第九集团司令奥古斯特·冯·马肯森，声望同兴登堡并列。他在普法战争中是有战功的少尉，后来调到总参谋部受到德国军界泰斗毛奇的赏识，又担任过施里芬总参谋长的第一副官。大战刚开始时，马肯森在兴登堡指挥的第八集团军内任第十九军军长，对俄首战立大功后升任集团军司令，随后又指挥整个东线作战。

此时俄军前方作战部队有 300 多万人，由沙皇尼古拉二世的叔叔尼古拉大公指挥。此人昏聩只知享乐，作战部署是对德军取守势，并模仿英法在西线那样大修工事。殊不知东线的阵地更长，俄军分兵守卫又缺乏建筑材料，主力成一线展开又给了德军突击包围的机会。

骑兵出身的冯·马肯森上将的作战特点，是尽量避免打阵地战，

▲
德国一战中战功卓著的马肯森元帅的油画像。

▲
大战初期的俄军下级官兵的形象。

注重向敌实行大纵深突击。此时德国还没有坦克和有效的汽车运输，他便强调骑兵突击。虽然俄国哥萨克骑兵以剽悍著称，主要兵器还是长矛和马刀。德军骑兵却携带了大量机枪，靠乘马快速前进，遇俄国骑兵后下马以机枪密集火力射击，打垮对手后再上马追击，这样就能迅速穿插并形成一个个合围圈。

从4月下旬开始，德奥军开始向俄军进攻。先以占据绝对优势的炮兵进行轰击，再以步兵突破和骑兵向纵深追击。北线的俄国第三集团军很快被击溃，仅马肯森指挥的德国第九集团军就俘获了超过15万俄国士兵。

6月3日，德奥军发动第二轮攻势，6月22日奥匈军夺回了利沃夫这一重要城市。7月14日，德军向俄国波罗的海沿岸进攻，占领了立陶宛大部分地区和拉脱维亚西部，威胁到沙俄都城彼得格勒（开战后俄国将带有德国风味的城市名"堡"都改成俄式的"格勒"）。

从6月底开始，德军又向俄占波兰展开了南北两侧向心合围的攻势。8月5日，俄军撤出了波兰首都华沙，仍有些部队被截断或失散。至8月20日止，波兰全境落入德军之手，至此有多达75万的俄国官兵成了俘虏。从某种意义上看，马肯森指挥的合围战就是1941年"闪击战"的预演。

德国和奥匈帝国过去同俄国一同瓜分了波兰，以华沙为中心的

地区归沙俄。此次攻俄时，德奥帮助民族主义领导人毕苏斯基组织了"波兰军团"以协同对俄作战，翌年还虚假地宣布让波兰"独立"

立"而实际由德国控制。后来德国投降时，波兰正式宣布复国，接受了 50 万德军的武器又挖去其大片领土，同时向苏俄进攻，这种态度酿下了第二次世界大战开始时又遭两面夹击的悲剧。

8 月下旬德军攻入白俄罗斯，沙皇尼古拉二世在恼怒下解除了尼古拉大公的指挥职务，自己赶往前线指挥作战。到了 10 月末，已前进了 800 千米的德军终于停顿下来。入冬之后，东部战线稳定在从波罗的海的里加到邻近罗马尼亚边界的 1000 多千米的阵地上。

此次冯·马肯森指挥部队取得德国战史上推进最远的纪录，在一年内共抓获 100 多万俄军俘虏，因功被升为元帅。后来担任过中

国工农红军总司令的朱德赴德国学习军事时，曾特别注重研究此人的战术。1937 年朱德接受海伦·福斯特·斯诺采访时，就称赞马肯森是当代机动战大师，在他最佩服的世界名将中排名第一。

冯·马肯森横扫波兰和白

俄罗斯后，德军总参谋长冯·法金汉就命令部队转入休整。德国此时没有能力批量生产载重汽车，俄军撤退时破坏的铁路短期又无法修复。德军仅靠马车供应满足不了前线武器弹药需求，俄国又投入大量新部队而在兵力数量上占有更大优势，拿破仑进攻莫斯科失败的前车之鉴也摆在那里。

历史后来几乎重演了一回。1941 年德军进攻苏联时，冯·马肯森元帅的第三个儿子埃贝哈德·冯·马肯森上将担任第三装甲集团军司令，也担负了向纵深突击的任务。他就主张不顾部队供应困难，要在入冬前攻下莫斯科，可能是想完成其父的未竟之业。德军却因运输能力不足和苏军援军到达而兵败莫斯科城下，马肯森一家想有"父子两元帅"之梦就此破灭。

俄罗斯雄厚的兵源和辽阔的土地，在历史上一直成为进攻者难以逾越的障碍。尽管 1915 年俄军死亡 50 万人、失踪 150 万人（其中

多数被俘，另有一些开小差），还有几十万人负伤，却通过新一轮动员使军队增加到1000万人。当英国大使对俄军的重大损失表示哀悼时，俄国陆军大臣却回答说："不要因此而感到难过，人是我们唯一过剩的东西。"

一个国家若为正义而战，人民拥护政府就能忍受困苦。沙俄进行的却是不义之战，高层又视人命如草芥，大量征兵导致生产萎缩尤其是粮食大减产，民众的怨恨随之滋长，地火就会在统治者脚下燃起。

塞尔维亚沦陷使德、奥、保、土阵营连成一线

俄国军队出现惨败，英法军队又在土耳其海峡登陆失利，对东南欧战场产生了重大影响。自大战开始后同奥匈帝国苦战了一年的塞尔维亚因保加利亚在背后袭击，出现了全国国土沦丧，协约国的南部战线就此崩塌了一角。

参加第一次世界大战的列强，都是非正义的争霸者，只有最早遭受外来侵略的塞尔维亚是在进行保卫祖国的正义之战。这个当时人口不过300多万的落后农业国，在1914年7月28日最早遭受奥匈军进攻，马上动员了40多万人参军，男性青壮年基本都上了战场，而且参军者满腔悲愤有旺盛斗志。协约国为让塞尔维亚牵制奥匈军，通过向希腊海运再转陆运的方式提供了其所需的武器弹药。

1914 年 8 月间，奥匈帝国三个集团军攻入塞尔维亚境内，遭到塞军和盟友黑山集结起来的 30 万军队反击，几天内就被打出国境。

9 月初奥匈军再度进攻，双方形成拉锯战。11 月 5 日，奥军发起第三轮进攻，塞军因损失太大补充不上，被迫放弃了首都贝尔格莱德和其他一些城市。

得到英法的援助物资后，1915 年 2 月初塞尔维亚军发起反击，收复贝尔格莱德，至 2 月 15 日再次将奥军赶出国境。此时奥匈军在对俄作战中大败，随后又要对付反戈相向的意大利部队，只留少量部队同塞军对峙。国小力弱的塞尔维亚能抗击强大的奥匈帝国，一时在国际上引发不小的震动。

▲
这幅法国漫画表现的是 1915 年塞尔维亚人对德奥皇帝英勇战斗，保加利亚国王在背后捅刀。

1915 年秋季，位于塞尔维亚东南部的保加利亚站到德奥土阵营一边。此前该王室一面允许德国通过其领土上的铁路用列车向土耳其运输物资，一面又同沙俄拉关系，处于首鼠两端、左右观望的状态。此时保加利亚上层看到与自己同为斯拉夫人的俄国大败，南邻土耳其又强盛起来，认为德奥土阵营会胜利，决定加入同盟国，并得到瓜分塞尔维亚领土的许诺。

看到保加利亚参战，德国派了少量兵力南下，并调马肯森元帅统一指挥德、奥、保这三国军队一起进攻塞尔维亚。进攻前，马肯

森向部下强调说："明天我们将面临的敌人不再是法国人或者俄国人，而是塞尔维亚人，这个小国敢于向我们挑战，他们是勇敢的、危险的和值得尊重的。"这番话显示出，在久经战阵的德国元帅眼中，塞尔维亚人的战斗精神要优于法国人和俄国人。马肯森还保持了一些骑士风度，在战斗中强调不要无故杀害平民，因而他的对手在战后还对其表示了尊重。

1915 年 10 月 13 日，保加利亚在宣战两天后就攻入塞尔维亚南部并切断了其获得物资援助的补给线，过去在正面苦战了一年多的塞军相当于被保军在"背后捅了一刀"。10 月 16 日，德军和奥匈军也发动猛攻，随即占领了首都贝尔格莱德。腹背受敌并断了武器补给的塞尔维亚当局出现慌乱，政府和军队向阿尔巴尼亚撤退，随同

▲

一次世界大战时保加利亚军队的形象，战争一开始时其保持观望，看到协约国加里波利登陆战失利和俄军大败退，就站到德国一边。

◀

德国马肯森元帅（左）指挥攻占塞尔维亚时的照片。

逃亡的还有 20 万平民。

11 月下旬撤退时正值隆冬到来,事先没有物资准备的 40 万塞尔维亚军民在风雪弥漫的山区艰苦行军。老百姓的大车、官方和军用车队及徒步行走的士兵、职工和百姓混在一起,好似整个民族大迁徙。上万人因冻病饿死于途中,还有不少人逃散。1916 年 1 月,在英法舰队接应下,塞尔维亚 15 万军民撤到地中海北面的科孚岛,虽然坚持抗战却离开了战场,一直坚持到大战结束才重新返回建立南斯拉夫。

塞尔维亚沦陷后,德、奥、土、保这四国从陆路上连接起来,有利于物资交流和运兵。德国和奥匈国还在掠夺物资时,将战俘送到工厂以弥补本国男子被征后的劳力空缺。兴登堡元帅就说:"若没有俄国战俘,我们简直不能维持正常生产。"不过因德国占领区内大量居民逃走,如白俄罗斯人就有 150 万人作为难民跑到俄国内地,约占其总人口的五分之一,导致大片田地荒芜,德军征掠的农产品很有限。奥匈帝国和土耳其本国出现粮荒不能援德,保加利亚又国小民贫需要德国提供物资,同盟国的经济困难没有缓解反而加重。

德国为首的同盟国在 1915 年取得了东线的进攻胜利,却没有改变两面受敌的战略态势,南线还出现了一个新敌国意大利。协约国也看准了这一点,虽受挫败却坚持作战不求和,继续"熬"下去,德国当局就只能设法在 1916 年再打开西线战局。

第五章

德军西线突破无功
成为战争转折

德军在东线虽获大捷却未能让对手求和，便在 1916 年初将战略重点西移，总参谋长埃里希·冯·法金汉又把打击目标定在法国北部的要塞凡尔登。此前德法两军在这里对峙一年多形成僵局，德军若能一举夺取凡尔登，会严重威胁巴黎，很可能迫使法国退出战争，那么英军只能退回不列颠岛，俄国也会屈服。考虑到德国赢得胜利的关键在此一举，威廉二世还让皇太子威廉到前线督战，对凡尔登势在必得。

▲

油画《凡尔登血战》表现了德军向这个法国要塞猛攻的惨烈场面。

凡尔登战役成为一次大战的转折点

马恩河会战结束后的一年多时间内，400 多万英法联军同 300 万德军在法国北部 700 公里的战线上形成堑壕对峙，布满铁丝网、地

雷和密集地堡的双方阵地又大都在一马平川之上，只有战线中部的凡尔登是一处少有的高地。战前法军在凡尔登就修有钢筋水泥工事的筑垒地域，此时在正面宽112千米的阵地上部署了11个师，并有270门中型以上的火炮和四道防御阵地。法军总司令霞飞认为这里易守难攻，加上德军在其他地段佯攻，便认为这里高枕无忧，让预备队配备在其他地段。

▲
一战中的德国威廉皇太子，曾负责指挥第五集团军进攻凡尔登。

　　1916年2月21日，凡尔登要塞对面的德国第五集团军在威廉皇太子统一指挥下，以1200门大炮突然开火。100万发炮弹如雷霆一般落下，其中还有许多毒气弹，德国航空兵又首次对法军阵地实施轰炸。在地空火力掩护下，德军27个师40万兵力发起攻击，冲上阵地后还用火焰喷射器向战壕和地堡口喷火，这是人类战争史上首

◄
德国发明的火焰喷射器在凡尔登战场首次使用。

次使用制式火焰喷射武器。

德军虽然采取了新攻击手段，但是还没有解决迅速突破层层堑壕防御的难题。法军的战壕、铁丝网等表面工事在空前猛烈的炮击中大都遭摧毁，地雷几乎都遭引爆，要塞内层工事还存在，许多坑道和地堡中的守军仍能在德军冲上来时进行反击，纵深的炮阵也能实施拦截射击。经过两天多激战，德军在凡尔登要塞阵地上前进了5千米，攻占了重要支撑点杜奥蒙堡。法军多数地堡还在坚守却处境危险，如无援军支持，要塞几天内就会陷落。

指挥防守的法国第二集团军司令贝当上将清楚，此刻时间决定一切，援兵和火炮、炮弹的运送决定成败。此时要塞同后方的联系只有一条泥土路面的巴勒迪克—凡尔登公路（又称"圣路"），过去前沿主要还靠马车运输。在贝当组织下，法国一周内组织3900辆卡车向凡尔赛运输，最紧张的一天平均14秒在公路通过一台汽车，把19万部队、2.5万吨物资送到前线。这次运输行动规模超过"马

法国士兵在阵地上抗击德军冲击的画面。

恩河出租车运兵"，是人类战争史上首次大规模汽车运输。

相比之下，德国此时汽车生产落后，前线运输靠火车和马车的接力转运。进攻前，德军通过一个多月时间秘密向凡尔登运输了占优势的武器弹药和兵员，几天猛攻后弹药消耗大半，补充速度就比不过能将汽车开到距前沿阵地几千米处的法军。

2月末，德军攻击力锐减，法军在援兵到达后组织了强有力的炮火反击。随后，双方陷入了反复争夺的拉锯战，后人称这里是"凡尔登肉磨盘"和"一次大战的绞肉机"。

德军总参谋长法金汉和威廉皇太子见首次猛攻未达到目的，便提出一个"敌军兵员消耗量"计划，就是造成法国人大量伤亡导致其战斗意志丧失，同时要将自己人员的伤亡减到同对手为1：2水平的损失比例。这种作战方式，是一种"拼人命"的竞赛，一线士兵的生命就这样成了赌注和消耗品。

德军实施的反复争夺战，挫伤了一线法军的斗志，5月间凡尔登东部的沃要塞投降，法军被俘近万人。不过德军在暴露的地面不断进行冲击，在对方火力拦截下伤亡也不小，并没有达到损失只及对方一半的预想。

▲
法军的重炮向德军进行拦阻射击的画面。

▼
1916年任德军总参谋长的法金汉上将，因凡尔登进攻失利被降职任集团军司令。

战斗进行到 6 月间，英军在索姆河一线发起进攻，被牵制的德军难以再向凡尔登增兵。10 月 21 日，法军在凡尔登发起反攻，使用了新式 400 毫米大口径的重炮和徐进弹幕射击技术，在 10 月 24 日夺回战役开始时就失守的杜奥蒙要塞。11 月 2 日又夺回沃要塞，至 12 月 11 日德军完全退到战役开始时的战线。

　　由于前线上的炮火极其猛烈，法军还发生了一次怪事——一三七步兵团有两个连的官兵在前线突然消失，还没有兵器尸骸的痕迹，这让上级和友邻部队为之震惊。后来经长时间查找，发现战场隐秘的草丛里露出一排已经锈迹斑斑的刺刀尖，接下来又挖掘那一排刺刀下面，看到的是 147 位法国士兵屹立的尸体。原来，他们在战壕中隐蔽时，竟被一排德军炮弹爆炸掀起的泥土在瞬间全部活埋。

　　由于一线官兵在激战和恶劣的战壕生活环境中心理受到打击，法军指挥官贝当提出并实行了一个"战场定期轮换制"，参战者两至三个月即进行轮换，这使前线 70% 的法军都参与了这场凡尔登战役。德军没有实行轮换，因而西线部队只有 20% 参与了此役。从这

表现法军士兵冲击时情绪沮丧的画作，凡尔登之战的惨烈让法国人视进攻为畏途。

一点看，有尚武传统的德意
志军人的心理和身体承受能
力还高于法国人。

　　法军虽守住凡尔登，心
理却受到沉重打击，还对后
来产生长远的消极影响。战
役后期许多士兵因伤亡重大
集体抗拒冲锋，一些部队几
乎出现哗变。指挥官被迫向
下级官兵声称，再也不向德
军实施严酷的进攻战斗，许
诺只守在战壕中，此后一年
果然没有出击。这种军心士
气的低落还影响到战后的法国人，在二次大战前只醉心于修筑"马
其诺防线"而不想积极进攻。

▲
指挥法军在凡尔
登作战的贝当，此
人当年被视为民族英
雄，二次大战中成
为"法奸"的代表。

　　为时九个多月的凡尔登战役中，对于双方伤亡数字有不同说法，
法军肯定要多一些。据比较可信的数字，法军损失 54.3 万人，德军损
失 43.3 万人，不过胜利者无疑是法国。贝当通过此役成为法国人心目
中的"民族英雄"，并晋升为元帅，只是他在二次大战中担任总统时
向德国降服，战后被判处死刑（未执行），又成为国人唾骂的"法奸"。

　　凡尔登一战，后来被史学家公认为第一次世界大战的转折点，
不过交战双方当时还没有意识到这一点。1942 年 10 月，毛泽东撰写

的《第二次世界大战的转折点》一文中就对凡尔登一战评价说："当时的战斗是带决战性的。德军猛攻不克，整个德奥土保阵线再也找不到出路，从此日益困难，众叛亲离，土崩瓦解，走到了最后的崩溃。然而当时英美法阵线方面，还没有看透这种情况，以为德军仍极强大，不知道自己的胜利已经快到面前。"

德国经过凡尔登一战，对战局开始感到绝望，冯·法金汉被解除总参谋长一职，兴登堡元帅接任。

这个"军神"上任后仍感到无计可施，副手鲁登道夫实际主持了战争筹划。

索姆河进攻尸横遍野，创英军日伤亡最高纪录

德军向凡尔登发起猛攻后，法军总司令霞飞急切要求英军在驻守的索姆河一带发起进攻。那里原是战线上最平静的地区，德军构筑了纵横交错的堑壕工事，还设有大片铁丝网和地雷区，挖掘了足以抵挡最凶猛炮火的坑道网。德军在地下工事里修建了众多的屯兵点、洗衣房、急救站、弹药库、还用起了当时极为奢侈的照明电灯，简直构成了一个地下城市。

英国远征军统帅海格认为夺取这里并无太大战略价值，进攻在军事上极不明智。面对法国人的不断催促和英国当局下达的配合进攻命令，便提出要有充足的准备时间。1916 年 5 月 26 日，海格在日记上记述同霞飞的争执说："我提到的进攻时间是 8 月 15 日，霞飞

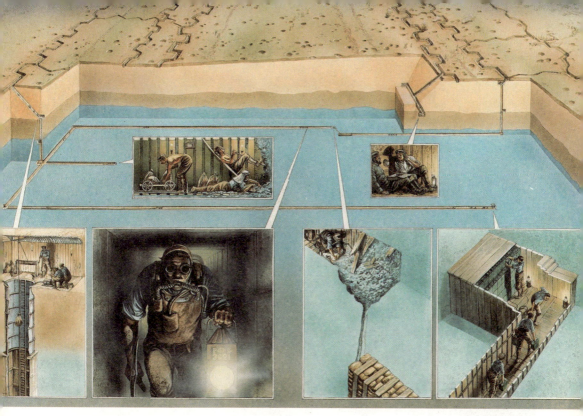

马上显得很激动，大声说，'如果到那时我们还无所作为，法国军队就要被消灭了。'"

▲

德军在西线构筑的防御工事图。

6月24日，以英军为主、法军为辅的联军开始进攻，目标是德军索姆河边仅50千米宽的防线。1400门轻重火炮足足打了6天，德军阵地上总共落下了150万发炮弹。海格认为，要用步兵的进攻开辟道路。哪怕打得浪费，也要"让德国人没有活下来的机会"。德军地面堑壕、地堡和防御障碍虽大都遭破坏，躲在地下坑道中的士兵却损失不大，对方火力一转移后就跃出来，以马克沁重机枪为主迎击冲锋的英军。

7月1日上午，英军在索姆河阵地上发起潮水般的冲锋，每个士兵负重达30公斤，包括步枪、300发子弹、用于填土的麻袋包和铁铲，以及一天的干粮和饮水。那些英国年轻士兵大多没有进攻经验，

表现西线阵地战中英国炮兵的油画。

队形密集，在德军机枪扫射下一排排倒下。军官们认为胜利在望，又命令后面的部队继续冲。这种战史上罕见的血腥冲击整整进行了一天，英军死伤达6万人（其中死亡1.9万人），只夺占了4.8平方千米的土地，开创了英国军队作战史上单日伤亡的最高纪录，国内舆论一片哗然。

表现英军迎着德军机枪发起冲锋的画面。

索姆河南部的法军表现好一些，主要是因其陆战经验多，炮击效果较好，发起冲锋时队形比较分散，伤亡不过1万余人，却只攻占了德军一些前沿阵地。德军的伤亡主要由英法军猛烈的炮火造成，不过因其疏散配置并有工事依托，损失要比对手少许多。7月1日这一天，英法德三国官兵总计伤亡约10万人，是第一次世界大战中士兵伤亡最多的一天。

英军遭受如此惨重的损失后，不再实行白天旷野上的密集冲锋，而注重疏散的小群进攻，并注重步炮配合，还进行了夜间攻击。英法军一再攻入阵地纵深，德军不得不派部队进行反冲锋，在对方占优势的炮火猛轰下也付出不小伤亡代价。

索姆河战场上在四个月间重复着拉锯式争夺和机枪屠杀，最后英法军只推进了 19 千米。这种高伤亡、低效能的作战行动，表现出英法两国都对基层士兵的生命视如无物，实施的大规模的阵地消耗战在战术上无任何新意，堪称十分愚蠢。

▲

索姆河之战时的英国兵形象。

▲

德军在堑壕内以机枪抗击对手冲击的画面，打破这种僵持的愿望催生了坦克的诞生。

索姆河战役进行到 10 月间，英军已投入了 54 个师，法军投入了 32 个师，德军参战则为 67 个师。10 月末出现终日大雨倾盆。弹坑密布的战场很快变成了污泥潭，双方士兵泡在水已齐腰的战壕里苦不堪言。11 月初，两军只留少数人在前沿警戒，主力都后撤休整。

在这场大战中，英军伤亡达到 45 万人，法军也付出 34 万人伤亡。德军的伤亡为 54 万人。德国人的伤亡虽少一些，却不像英法那样有殖民地壮丁可补充，在兵员补充方面显得更吃力。

索姆河战役后期的 1916 年 9 月 15 日，战史上一件划时代的事

▲
表现英军在战场上
首次使用坦克掩护
步兵突破的画面。

情发生——坦克第一次在战场上使用。它的出现，标志着一种跨时代的武器诞生，敌方的堑壕、机枪火力点已不再是难以逾越的障碍，地面战争就此进入机械化时代。

坦克这种有装甲、能穿越复杂地形的兵器，是大战时期要打破陆战僵持的需求所催生。开战后不久，英国远征部队中的一位工程师提出，需要制造一种能够在遍布带刺铁丝网障碍的战场上开辟道路、翻越壕沟的履带装甲车，并建议利用美国所产的"霍特"农用拖拉机装上大炮和机枪。

这一创意提出后，英国有保守传统的陆军反应迟钝，英国海军大臣温斯顿·丘吉尔及其同僚对此倒很感兴趣，将战舰在洋面上机动作战的观念搬到陆上。1915年，海军部资助建立了"陆地战舰委员会"，最早的坦克也被称为"陆上巡洋舰"。英国陆军部得知此事，也赞成研制。由于最早的履带战车外形酷似水柜，英文词是TANK，汉语按音译就是"坦克"。

1915年9月间，世界上的第一辆坦克的原型"小游民"制造成功，全重18.3吨，其最大缺陷是动力不足，最大时速不过3.2千米。通过改进，翌年春天终于制成"大游民"Ⅰ型的"雄性"坦克，全重为28吨，装有2门57毫米火炮和4挺机枪，前部主装甲厚10毫米，两侧装甲厚 8 毫米，最高时速 5.5 千米，车内配备 8 名成员。

　　这种最早的坦克行进速度，同人快步行走差不多。车内没有通风、排烟、隔热、隔音装置，开动起来遇到沟坎车内就会颠簸剧烈，

◀

英国最早研制的
"大游民"坦克开
到索姆河战场的画
面。

乘员们如同"滚煤球"。车内温度高，没有排烟装置，开火时会搞得烟雾刺鼻，坦克兵还被熏得像黑炭头一般。如此恶劣的操作条件，决定了坦克不能在较差的地形上长时间行动，行驶一会儿就要停车开门通气。

　　第一批坦克出厂时，机械故障非常多，运到前线的 49 辆坦克中只有 18 辆开到战场，其他的都在途中出了故障。参战坦克又有几辆在战场上陷住了履带，只有 10 辆能坚持战斗，不过它一出现就影响了战况。

　　9 月 15 日这一天，索姆河英军阵地上传来发动机巨响，随后就有人们从未见过的一批钢铁巨兽喷着机枪的火舌冲出来。德军用机枪向它们射击却打不穿，一时吓得惊慌失措，居然放弃了战壕向后

逃去。英国坦克首次突击得到了意外战果,攻占了一个村庄并夺取了一条堑壕,还俘虏了300多名发了呆的德军官兵。

此次参战的坦克数量少,时速又只有6千米,遇到泥沼地就停了下来。英军指挥官海格对这种战车并不满意,只以轻蔑口气评论说:"它们休想取代战马和骑兵。"

看到坦克首战的作用及其缺陷,英国开始研制比较轻便的坦克,并要求把枪炮都安装上去,兼顾对付坚固目标和步兵。此前法国已得到英国提供的相关技术资料,从1915年12月起也开始了坦克研制,推出的两种坦克分别为"圣夏蒙"型和"施耐德"型。法制坦克采用了电力推动,性能超过英国坦克。

索姆河战役的特点,是双方伤亡巨大、统帅无视生命、战略目的渺小,不过它毕竟以坦克的诞生而闻名于世。

此后,世界各国军界吸取教训,注意研制如何以装甲履带车辆来突破防线,陆战开始进入一个新时代。

德国"大洋舰队"同英国"本土舰队"进行了一场决战

大战爆发后,此前举国之力耗资建立的德军"大洋舰队"一直躲在基尔港内。德国海军清楚,英国的"本土舰队"拥有33艘战列舰,仍在开工建设10艘战列舰。自己只有18艘战列舰,并将海军投资重点转向潜艇,只有2艘战列舰在船台上建造,出海决战自然不利。

开战后不久，英国海军在秘密战线上又对德国形成了重大的优势——电码破译。开战后不到一个月，8月26日有一艘德国轻型巡洋舰"马德格堡"号在芬兰湾触雷沉没，舰员下舰撤走时很仓促而未完成销毁工作。俄国潜水员却进入沉船捞出一个铅制箱子，里面有一份完整的德国海军密码本，抄录后又在10月间将其交给急于了解德国海军情况的英国。11月间，英国海军情报部的一个代号为"40号房间"的密码室就利用这一密码本，破译了德国海军全部密码，德军对此又茫然不知，从此英方就能预知德舰的行动命令。

德国人对密码战不予重视，是军国主义的冒险性和狂妄自大所造成。其军方在战前认为不过三个月就可以结束战争，情报活动重点是刺探敌军当前部署。英国、法国和俄国在开战前后都看

▼
表现英国本土舰队出击参加日德兰海战的油画。

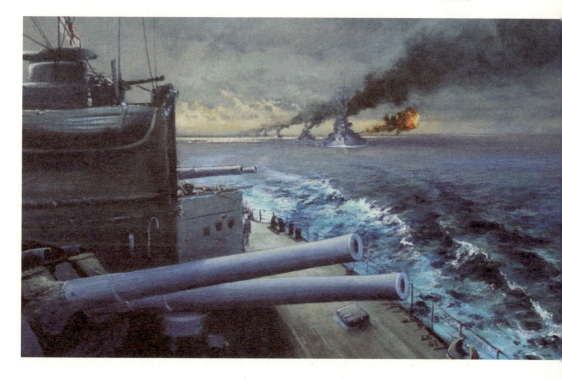

到德国的强悍，认定战争将是长期的，因而很注重长期有成效的密码破译。

1916 年春天德国以陆军猛攻凡尔登时，也想在海上重创对手。大洋舰队的计划是，在 5 月 30 日以一支 5 艘战列巡洋舰的分舰队作为"诱饵"出击，引诱一支英国分舰队来攻，再集中本国 16 艘战列舰将其歼灭，以这种"大吃小"的方式逐步削弱英军海上力量。

英国人很快就破译了密码，5 月 30 日傍晚，本土舰队司令接到绝密情报——"德国大洋舰队将于明日出航"。英国 28 艘战列舰、9 艘战列巡洋舰连夜在港内生火启动，于 5 月 31 日出航，就此进行了人类战争史上最大的一次战列舰对决的海战——日德兰海战。

此次参加海战的英德双方战舰吨位对比为 5：3，英舰火炮的口径更大，舰队因完成"煤改油"实现了平均航速 21 节，超过德军的 18 节。在使用舰炮互射的海战中，吨位和火力差的一方若是航速又

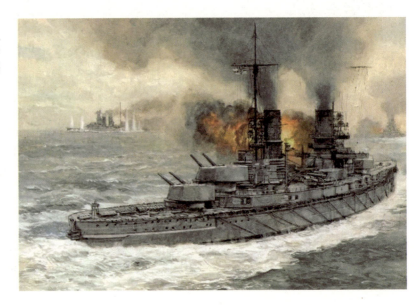

▶
德军的"皇帝"号战列舰在日德兰海战中开火的画面。

比对手慢，将是致命的，德国海军也因此长期避免决战。

英军舰队依仗自身优势，派了6艘速度快、装甲相对较薄的战列巡洋舰冲在前面，也充当诱饵。5月31日下午4时，双方舰队各自的"诱饵"在10海里外相互发现后，5艘德国战列巡洋舰首先向英舰开火，并采用了先进的全舰统一方位射击指挥系统，这使火炮命中率远远高于英舰。

英国1.9万吨的战列巡洋舰"不屈"号首先被2枚穿甲弹击中，马上发生惊天大爆炸，舰上1017名官兵迅速消失在海面的硝烟中。接着，英国2.5万吨的"玛丽皇后"号战列巡洋舰也因被打穿装甲，内部爆炸使舰体折断迅速沉没，全舰1275名官兵几乎都在旋涡中丧生，只有9人被爆炸气流甩到远处海面而幸存。"狮"号战列巡洋舰上的一座炮塔也被打穿引燃，幸亏及时注入海水才免于爆炸。

看到本国的战列巡洋舰防弹性这么差，英国分舰队司令贝蒂不

◀
日德兰海战中英国战列巡洋舰中炮后发生爆炸沉没的画面。

禁嘟囔道："我们这些该死的船今天有点毛病。"这一"毛病"，正是英国的战列巡洋舰制造理念所造成，那就是重火力、轻防护，导致敌炮弹命中后就能穿透装甲打入舰内，易于引爆弹药库。德国因海军本钱小而珍惜军舰，设计时注重防护性，装甲厚且水密舱多，中弹后不易沉没，其火炮射击精度和炮术也略胜英军一筹。

刚一交火，英国战列巡洋舰便 2 沉 1 伤。德军只损失了 2 艘小型驱逐舰，就此感到振奋，"大洋舰队"主力赶来想消灭所剩的 4 艘英舰，只是因舰速慢一时追赶不上。

下午 6 时，德国舰队在追击时突然发现，英国本土舰队已赶到，对方阵容除"诱饵舰"外还有 28 艘战列舰、3 艘战列巡洋舰、8 艘装甲巡洋舰、26 艘轻巡洋舰、78 艘驱逐舰。德舰阵容除"诱饵"外，有 16 艘战列舰、3 艘战列巡洋舰、6 艘前无畏舰（旧式战列舰）、11 艘轻巡洋舰和 61 艘鱼雷艇。

德国大洋舰队司令哈德·舍尔海军上将得到飞艇的观察报告，知道英国海军主力舰队倾巢而出，自己原想以多歼少的计划已不能实现。此时德舰若贸然撤退，又会因航速低逃不掉，于是舍尔决定在英国舰队尚未展开队形之机，先集中火力打击先头的英舰，同时以大量驱逐舰、鱼雷艇出击打乱对方阵势，以这种方式争取时间，坚持到天黑返航。

英国舰队因过于庞大，发现德舰队时想展开需要一段时间，结果先头舰遭到德舰猛烈轰击，战列巡洋舰队的旗舰"无敌"号当即被击沉。英国舰队却依仗舰只数量多、航速快，迅速对德国舰队展开包围，还以驱逐舰扑过来发射鱼雷，击沉德国老式战列舰和轻巡洋舰各一艘。此时德国"吕措夫"号战列巡洋舰在英舰轰击下中弹过多，也被迫弃舰任其沉没。

双方舰队的主力交火不久，就到了傍晚7时，夜幕开始降临。英国大舰害怕遭受鱼雷艇、潜艇袭击不敢前进，只以小型舰只继续攻击，想等待第二天黎明。德国舰队司令乘机组织有序撤退，此时失去联络的英国装甲巡洋舰"黑王子"号闯入德舰阵列中被当场轰沉，德国旧式战列舰"波美拉尼亚"号在6月1日凌晨2时被英国驱逐舰的鱼雷击沉。

在日德兰海战中英国驱逐舰发射鱼雷的情景。

发现德舰后撤，英国舰队主力在后半夜进行了追击。此时德国大洋舰队在司令舍尔上将率领下接近自己领海的布雷区附近，黑夜中对正方位后，便从雷区所留的秘密缺口前行引路，后面的军舰一艘艘跟随着鱼贯通过，天亮后都返回了基尔港。英国舰队虽追了上来，却害怕触水雷停顿下来观望，天亮后只留下少量军舰监视封锁，主力返回本土港口。

在这场第一次世界大战期间仅有的海上决战——日德兰海战中，英德双方共出动了265艘各类型军舰（其中英国149艘，德国116艘）和10万名海军官兵，两国都宣布自己是胜利者。

从此次海战的损失看：英国沉没3艘战列巡洋舰、3艘轻巡洋舰和8艘驱逐舰共11.5万吨，伤亡6945人；德国舰队沉没1艘老式战列舰、1艘战列巡洋舰、4艘轻巡洋舰和5艘驱逐舰共6.1万吨，伤亡3058人。从战术上看，德国的确是这场海战的胜利者，尤其是火炮射击技术显出优势。再如德国战列舰"塞德利茨"号中弹后进水近6000吨，仍然能返航回港，这说明其防护抗沉性要优于英舰。

从战略上看，这一仗德国海军没有能打破英军海上封锁，大洋舰队仍被困在港内，成了一支"存在舰队"。如同美国《纽约时报》

▼
这幅画描绘了德军的"塞德利茨"号战列舰虽受重伤，却仍能靠很好的抗沉性设计撤离战场。

对此仗所评论的那样："德国人攻击了它的牢狱看守，但是仍然被关在牢中。"

日德兰海战作为战列舰时代规模最大也是最后一次舰队决战，表明大炮巨舰主义走到尽头。此后，各海上强国开始研发海上新型力量和探索新战法，潜艇破袭战和航空母舰攻击都是这一探索的产物。从这个意义上说，日德兰海战送走了人类海战史上一个旧的时代，同时揭开了人类海战史上的新篇章。

潜艇战封锁未成功，英国又制成航空母舰

1916 年内，德国在西线虽陷入困境，年底却取得攻占罗马尼亚的胜利，自感增加了和谈的资本。同年 12 月 12 日，德国以同盟国名义向协约国提出和平谈判建议。12 月 18 日，处于中立地位的美国总统威尔逊也发出呼吁，希望各交战国进行和谈。

此时，交战双方内部都针对战和问题产生了激烈争论。英国内阁也有些人主张言和，并派人同德方进行了秘密谈判。不过英国的主战派代表劳合·乔治和法国以克列孟梭总理为首代表的右翼却最终压制了主和派，在 1917 年 1 月提出了德国放弃占领地区和惩罚侵略罪行作为谈判的前提条件，其中的后一条明显不能被德方接受。英法主战派如此强硬，是感到继续战争对己方有利。

德国上层看到敌方的和谈条件后，总参谋长兴登堡和他的副手鲁登道夫主张打下去，德皇威廉二世也赞同，他们还将潜艇战视为

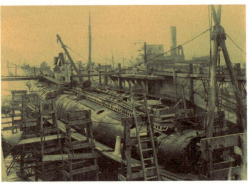

▲
1916 年末德意志帝国指导战争的三巨头，
左起：兴登堡、威廉二世、鲁登道夫。

▲
一次大战后期德国生产的 UB-110 潜艇，
造价 400 万马克，折合 150 万美元。

逼迫对手妥协的唯一希望。德国军方经计算，1916 年 12 月份潜艇击

沉了 154 艘船只、总吨位 48.7 万吨，若能达到每月击沉 60 万吨船，

就可让各国船只不敢去英国。此举虽可能刺激美国参战，不过德国

可能在半年内达到让英国"窒息"和法国"瘫痪"，美军要完成训

练并投入战斗至少需要一年，届时想挽救英法也来不及。

▼
德国第一次大战所
产潜艇侧视图。

　　1917 年 2 月 1 日，德皇威廉二世下令全面实施"无限制潜艇战"，

即在海上运输线上不区别哪一国船只全部击沉。此时德国能作战的

潜艇有 105 艘，造船厂都停止了造战舰而全力造潜艇，整个战争期间共建造了 330 艘潜艇。

德国潜艇不分青红皂白地攻击各种船只，导致了滥杀无辜。1917 年 2 月 24 日，法国"阿托斯"号客轮在地中海被"U-65"潜艇击沉，当场就有 543 名中国劳工遇难。大战期间中国劳工在开赴欧洲战场途中有许多人死于德国潜艇攻击，中国北洋政府以此为由也在 1917 年 8 月向德国和奥匈帝国宣战。

美国早在 1915 年就因德国潜艇袭击客轮做出过威胁，德军因此一度将潜艇撤出英国海域，1916 年 10 月返回时还受捕获法案的限制不攻击客轮。1917 年 2 月"无限制潜艇战"开始实施，德国艇长们放开手脚，当月击沉战绩达到了 52 万吨。

▲
1916 年下半年德国潜艇击沉协约国船只的数量增多。

至此，协约国已经损失了 1000 吨轮船，绝大多数还是英轮。开战前英国的轮船总吨位为 1800 万吨（占全球的 40%），至此损失了将近一半，每年的产量不过 100 万吨。大多数物资要靠外部输入的英国直接近了"被窒息"的危急关头。

美国能够参战，此时成为协约国的主要希望。1917 年 2 月，美

▲
德军潜艇攻击对方
货轮的画面。

国以德国实行"无限制潜艇战"为由宣布对德断绝外交关系，还没有宣战。4月间，德国SMU-55号潜艇击沉美国货轮"托灵顿"号，还涉嫌杀害落水的幸存者，美国在同月正式对德奥宣战。其实，两年半以来一直采取"坐山观虎斗"态度的美国此时参战，主要原因是想以最小损失取得战胜国的地位。

1917年4月，德国潜艇的战绩达到了顶峰——月击沉86万吨，随后却开始下降。原因是英国加强了船队护航体制，5月间美国又派出24艘驱逐舰参加护航。

此时，英国又研制定型了一种探测水下声音的利器——声呐（或称"潜艇探测器"），随即大量装配到护卫舰、驱逐舰上，可以在很远处接收到水下潜艇发动机的声音并定位。英国还用飞机拖曳声呐搜索德国潜艇，搜索到潜艇后再投放深水炸弹攻击。英美两国还在德国潜艇驶出北海那段相对较窄的水域布置7万多枚水雷，并设置钢丝防潜网，使其进入大西洋要冒很大风险。这一系列措施，导致1917年下半年以后德国潜艇战绩急剧下降，水下封锁的目标梦想彻底落空。

英国除加强海上防护外，也采取了新的海军攻击手段。在大战前已有了使用水上飞机的舰只，进入 1916 年后英国设计师开始研制能在军舰上起降飞机的航空母舰，让其直接使用陆基飞机，军舰从此走向"海空战一体化"。

此前，世界上还没有解决从军舰上直接起飞、降落飞机的难题，英国海军找到了一艘原准备卖给意大利的客轮，从 1917 年开始改装，将起飞甲板和降落甲板连为一体设在舰面的一侧，至 1918 年 9 月完成了名为"百眼巨人"号的航空母舰。

▼

英国的第一艘航母"百眼巨人"号的照片。

"百眼巨人"号是世界第一艘能在甲板上起降飞机的舰只，排水量为 1.45 万吨，最大航速 20 节，可搭载飞机 20 架。其全通甲板

长 168 米，甲板下有机库，装配了原来在陆地机场起降的"杜鹃"式鱼雷攻击机，有折叠式的机翼，能携带 450 公斤重的鱼雷。但是该舰刚完成，战争就已经结束了。

在改装客轮为航空母舰时，英国在 1917 年设计了一种专门的航空母舰，也命名为"竞技神"号，刚开工不久战争便已结束。

航空母舰的建成和空中对军舰攻击的出现，加上潜艇的参战，标志着海战由平面走向立体，空中和水下都成了海军交锋的战场，不过以航空母舰为主体的时代将会在下一次大战中到来。

第六章

俄国发生革命
而退出大战

帝国主义世界大战成为持久战后，俄国在参战的列强中人口最多，沙皇政府的高官们曾轻蔑地称士兵为取之不尽的"灰色的牲口"。不过大量征兵造成农村劳动力大减后，战前有最多可耕地的头号粮食出口国此刻出现了"面包危机"。俄国因海军不强，是列强中少有的没有海外殖民地的国家，难以输入生活物资，国内生产不足就会导致民众生活水平大大降低，过去的阶级矛盾、民族矛盾随之爆发。1917年内，俄国连续出现了二月革命和十月革命，沙皇政权和临时政府相继倒台，新建的苏维埃政府退出了帝国主义战争。

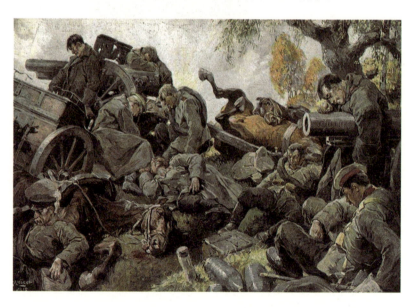

▶
这幅画表现了1917年俄国军队已疲惫倦战，在这一年末停止对德作战。

俄国虽取得西南战役胜利却改变不了整体局面恶化

1915年俄军丢失波兰、立陶宛和白俄罗斯等地后，就采取守势，靠大量征兵和外购武器将军队总额扩大到1000万人，其中近一半部署到前线。此时德军在东部的战线同上一年相比拉长了一倍，部署了 180 万兵力，再加上 100 多万奥匈帝国军队，与俄军形成对峙。从波罗的海到罗马尼亚边境的 1000 多公里的战线上，从 1915 年末至 1916 年春显得很平静，平均每天只在战壕间的对射中出现以百人计的伤亡。俄军因供应困难和国内反战宣传高涨，士气已日益低落。

▲
描绘俄军陷入长期堑壕战中士气沮丧的画作。

1916 年 3 月，因凡尔登战役爆发，法国催促俄国尽快反攻。此时沙皇政权离不开英法的贷款和军火援助，便发起了纳罗奇湖战役。在这次进攻战役中，面对德军阵地上密集的火力迎击，缺乏火炮支援的俄军损失了 7 万人，相当于对面德军伤亡数字的 5 倍，却没有获得任何进展。

德国总参谋长法金汉此时出现了一个重大判断错误，即认为俄国已没有什么进攻能力，要求奥匈帝国将精锐部队调到意大利战场，迅速击溃这个缺乏战斗力的敌人。奥匈帝国参谋长康拉德调兵后，提议德军调 9 个师到本国协助防守加利西亚这一薄弱部位，法金汉却认为用不着，这样就出现了一个致命的防守空当。

此时担任俄国西南方面军司令的阿列克谢·勃鲁西洛夫上将，原来是骑兵出身，对进攻颇有心得。他看到参战各国采用正面强攻的战术伤亡大、进展却缓慢，提出了一个在当时看来近似疯狂的方案——"多点进攻，一点主打"，即在宽广战线上全面进攻，再用一支军队集中兵力实施主要突击迅速插入敌军纵深。虽然多数将领认为此举过于冒险，沙皇尼古拉二世却表示同意。

6月4日，俄西南方面军集中100多万部队，沿着322千米的战线向奥匈军发起总攻，而且事先不进行持久性炮击，完全采用奇袭，打开突破口就直插纵深。对面的48万奥匈军队多数是由多民族士兵拼凑起来的新部队，当俄军突破防线又以一反常态的速度冲击时，部队就在半个月内全面崩溃。众多捷克人早就对奥地利人不满，此时成批向"斯拉夫兄弟"投降，俄军迅速抓到20万战俘，其中部分人又编成"捷克军团"准备参加对同盟国的作战。

▲
油画《西利西亚战役中的奥地利人》，表现了面对俄军攻击的奥匈军。

▲
这幅油画表现了1916年6月以后俄军对德军及奥匈军队发起进攻的场面，这是俄军大战中最大的胜利。

6月底，俄军前锋深入奥匈帝国境内，已可望见喀尔巴阡山的山口。这种快速推进，与后来第二次世界大战的闪电战效果很相似，只是这个称为"勃鲁西洛夫攻势"的进攻行动缺乏有效的后勤支撑，不能保持长久。德军抽调来4个师的预备队，并会同奥军从意大利战场撤回的部队进行阻击，很快堵住了前线缺口。

经过补充后，勃鲁西洛夫指挥部队在 7 月 28 日恢复攻势，在 9 月 20 日率军抵达喀尔巴阡山脉，此时参战部队十分疲惫，储备物资也快消耗光，进攻只好停止。在这次以西南战线为主的四个月进攻中，俄军伤亡约 100 万人，让对方军队损失超过 100 万人，其中德军伤亡 35 万，奥匈军被俘就达 40 万人，此役堪称俄军在第一次世界大战中取得的最大胜利。

此次西南战线的进攻胜利证明，俄国士兵有着吃苦耐劳的精神和强悍的战斗力，如有良好的领导和激励机制，可称为世界上非常优秀的战士。只是在沙皇政权黑暗腐朽的统治下，俄军经常有拙劣和低能的表现。

勃鲁西洛夫因指挥此役成功，被俄罗斯人誉为自拿破仑战争之后到苏维埃政权建立前本国最具影响力的名将。他后来政治头脑很清楚，二月革命后支持临时政府被任命为俄军总司令。苏维埃政权建立后，勃鲁西洛夫也表示拥护，还被任命为红军骑兵总监，是旧俄将军在红军中地位最高的人，又能荣誉退休颐养天年。

沙俄的这次进攻战胜利，只是

▼

1916 年任俄国西南方面军司令的勃鲁西洛夫上将，被公认为当时俄军最杰出的将领。

军事上的回光返照，不可能改变国家衰败的颓势，紧接着俄国和刚参战的罗马尼亚遭到一场灾难性打击。

1916年夏季之前，罗马尼亚在交战的两大阵营之间保持中立，这个欧洲的主要石油生产国还是德国油料的主要进口来源。当罗马尼亚王室看到俄军在西南战线进攻获得大胜，英国人也许诺其加入协约国就可分到匈牙利东南部土地后，就认为应尽快站在必胜的英俄一边。8月27日，罗马尼亚向德国为首的同盟国宣战，并集结了40万军队向奥匈帝国进攻。

此时的罗马尼亚人过早"押宝"，时机没有选对，德国绝不允许自己的石油供应地落入敌手，马上派出第九集团军攻罗，奥匈帝国和保加利亚也在几个方向配合。本来就缺乏战斗经验的罗军很快败退，俄军派出的援兵装备差又供应不足，根本挡不住德奥保三国部队。在德国名将马肯森元帅统一指挥下，同盟国军队于12月6日

▶
表现 1916 年 12
月马肯森元帅指
挥德军横渡多瑙河
占领罗马尼亚的画
作。

攻陷罗首都布加勒斯特。

英国派到罗境的人员和俄军面对罗马尼亚的溃败，马上焚烧油田并破坏采油设备，罗境内一时火光熊熊。德军控制油田后就实行灭火抢修，不过石油产量在1917年内毕竟大幅下降，这也加剧了同盟国的燃料困难。

罗马尼亚战败后，其政府在俄军保护下逃到边境的雅西城，并暗中对德求和。此役罗俄联军损失惨重，被俘就达21.2万人。过去有罗境作为屏蔽的"俄国粮仓"乌克兰，自此也暴露在德军锋芒之前。12月间，德军又在波罗的海沿岸再度进攻，于1917年元旦后攻占了立陶宛首府维尔纽斯，随后向拉脱维亚方向发动进攻，进一步威胁到俄国首都。

从总体上看，1916年内俄国形势进一步恶化，虽取得"勃鲁西洛夫攻势"胜利却消耗了多数战略储备。俄国得到贷款购买的基本都是武器弹药，据统计共订购了步枪600万支、机枪2万挺、飞机3200架、汽车2万辆、摩托车2.5万辆、机车400台，从北海的摩尔曼斯克和太平洋的海参崴输入。不过俄国的食物靠自己解决，当时为保障工业生产而很少动员城市工人，农村不仅将多数青壮年征走，作为主要生产畜力的马匹也被大量抽调，农田主要靠妇女、老人手工耕作而收成大减。

开战之初，沙皇政权靠大俄罗斯民族主义进行煽动，声称很快能取得胜利，还能动员一些有沙文主义情绪的人参战。经过两年战争，战场上失败加上民生艰难，原来反沙皇专制主义的各党派和团体又活跃起来，布尔什维克"让本国政府失败"的反战宣传开始深入人心，沙俄政权就在参战的列强中第一个崩塌。

二月革命使沙皇逊位并出现"两个政权并存"

在参加帝国主义争霸战争的列强中，俄国可称最落后、最黑暗和君主集权最严重的国家。此时罗曼诺夫王朝延续 300 多年已历 16 个沙皇，在学习西方科技时一直保持东方专制主义的体制，皇室还一再出现父亲杀儿子、儿子杀父亲、妻子杀丈夫的惨剧，宫廷里充满血腥。俄国由一个东欧小国发展成为面积 2000 多万平方千米的世界上领土最大的国家，又是靠不断对外扩张，被征服的 100 多个民族占国内人口的一半，旧俄国被称为"各族人民的监狱"。

沙俄官员的腐败，当年在欧洲也堪称各国之最。18 世纪之前，俄国官员实行落后的"食邑制"即靠封地过活，彼得大帝改革时才实行工资制却薪水很少，官员的收入主要靠赏赐或自己搜刮，收受的贿赂和工作酬劳一直没有严格界限，官吏受礼成了合法之事甚至必不可少。到过沙俄的外国人的共同观感就是"办任何事都要花钱或讲人情""卢布就是通行证"。俄国农村在 19 世纪后半叶才废除农奴制，贵族地主仍实行封建式压榨盘剥，贫苦民众的反抗也不断。

1894 年末代沙皇尼古拉二世继位后，把对外扩张发展到顶峰，这个靠对外扩张和对内残酷压迫维系的政权遇到战败就会引发国内危机。1905 年俄国被日本打败，国内多地包括莫斯科都发生过起义，

俄军靠大炮才把群众性反抗镇压下去。

　　大战前的世界各国都公认，沙皇家族是全球最富有的皇室。此时欧洲25个国家中仅有4个共和国，不过除俄国外的各国王室都受君主立宪制约束，只有俄皇仍能按"朕即国家"的方式敛财，拥有难以计数的庄园、牧场、行宫，还有外人至今也不知其数的国外存款。据苏俄政权调查和西欧各国披露，自1905年革命后，尼古拉二世自感政权不稳，开始把大量皇家钱财存入外国银行并在他国购置了许多城堡地产。大战爆发时，已属敌国的德国就宣布"冻结"沙皇个人在其银行内的1500万金卢布存款（为留有议和余地未没收），而俄国皇室在英法两个盟国以及中立国瑞士、瑞典的存款肯定会更多。直到沙皇一家被流放时，身边所带的财物仍价值连城。他们被处决后，"契卡"人员从皇后和几个公主身上就搜出18磅约8公斤的钻石珠宝。

▲
表现末代沙皇尼古拉二世（右坐第二人）全家观看演习的油画，此时帝制在俄国已极不得人心。

沙皇死后大半个世纪内，西欧出现了几十个冒充其女儿的"公主"。但是 20 世纪 90 年代俄政府找到沙皇全家遗体后被证明都是冒牌货，这些冒牌货的唯一目的就是想继承遗产，遗产的金额在 20 世纪末据称加利息已达到上千亿美元。

近代俄国发展极不平衡，上层贵族们穷奢极欲，下层民众生活却极为困苦。20 世纪初，工人月薪最多只有几十个卢布，国民文盲率高达 70%，全国 1.5 亿人口中城市居民仅有 2600 万，资产阶级开明派和无产阶级政党为改变专制统治一直进行斗争。

末代沙皇尼古拉二世参加世界大战，重要目的是转移国内矛盾。腐朽的俄国战争机器却连遭挫败，昏庸的尼古拉二世和皇后竟乞灵于"妖僧"拉斯普丁帮助。此人年轻时是个无赖，还做过偷马贼，

▼
沙俄末期的"妖僧"
拉斯普丁。

▼
俄国油画《拉斯普丁和沙皇夫妇》，
这个妖僧还背着皇太子，成为宫廷内
最有权势的人。

淫逸放荡并过着神棍生活。这个披着宗教（实为邪教）外衣的酒色之徒到达彼得堡之后，不仅在宫中施"法术"，还同首都的俄国上层妇女们打得火热而丑闻远播。拉斯普丁据称能解除皇太子的痛苦，取得了皇室尤其是皇后的信任。

尤其令俄国人感到荒诞的事，是尼古拉二世对妖僧拉斯普丁在军事上也出现了依赖，做出军事决策前竟然要他来占卜。沙皇向前线的一些司令官下达命令的信中，也说过依据占卜能取得胜利，此事传出后，更引起军内乃至国内众多人的愤慨。

看到宫廷如此昏暗，一些上层人物也想采取行动。1916 年 12 月 29 日，尤苏波夫亲王在彼得格勒约几个朋友设下陷阱把拉斯普丁杀掉，但是暗杀成功也没能帮助皇室摆脱危机。

1917 年 3 月 8 日，一批彼得格勒纺织女工点燃了燎原火星。她们长时间排队买面包，却被告知无货，气愤之下冲进面包店抢劫，许多人还上街响应。第二天，涅瓦河边大街上到处是游行队伍，人们高喊"打倒德国女人"即皇后亚力山德拉（她是德国亲王的女儿、英国维多利亚女皇的外孙女），全城陷入瘫痪，工人和市民又提出要求结束沙皇统治。

彼得格勒起事后，远在前方莫吉廖夫大本营的沙皇马上下令镇压。军队进入彼得格勒实行镇压时，有数十人被打死，171名示威的带头人被捕，布尔什维克彼得格勒委员会的全体成员几乎均遭逮捕。不过工人们很快又重新走上街头，高喊着"打倒战争""打倒沙皇""要求面包"，随后起义者们攻占了弹药库。军队中除忠于皇室的哥萨克骑兵外，多数士兵也同情暴动者。最先入城的沃伦斯基团发生兵变，接着蔓延到其他部队。

代参谋总长米·瓦·阿列克塞耶夫将军看到大事不妙，尤其是农民出身的士兵大都同情起义者，便向仍下令镇压的尼古拉二世进

二月革命爆发时，沙俄军队还对示威工人进行了镇压。

▲
沙皇尼古拉二世（中）
在前线指挥时的照片，
二月革命时他乘车赶回
首都时大势已去。

▲
1917年二月革命
发生后，一些军人
也走上街头游行的
照片。

言说："陛下，您在有意为自己准备绞架。请不要忘记那些乌合之众是不会讲礼貌的。"此时俄国资产阶级上层人士组成的杜马也对沙皇政权失望，想废除帝制建立共和国，形成上层和下层一致反帝制。这场发生于1917年3月初的革命，史称"二月革命"，是因为按照俄历这时是二月。

3月15日，尼古拉二世乘专列赶回首都，在距城240千米处的普斯科夫被杜马要员和一些将领拦住。这些见风使舵的上层人士说，军队和民众已失去控制，唯一办法是结束帝制。末代沙皇随后进驻彼得格勒郊区的沙皇村，想从外地调兵却无回应。3月19日，国家杜马主席罗将柯亲向尼古拉二世报告局势并警告说："革命将推翻您，您也将不再能称王称帝。"

面对众叛亲离，尼古拉二世被迫同意退位。他开始心存幻想，提出让少年皇太子继位，上层人士也不接受。这时沙皇被迫用铅笔在退位诏书上签了名，统治俄国达300年之久的罗曼诺夫王朝终于

▲
俄国革命者所散发的宣传画，表现了沙皇和东正教会压榨广大劳苦大众。

被革命推翻。

沙皇退位后，俄国上层组成的临时政府，实行共和制，并决定将尼古拉二世及其家人驱逐出俄国送往英国。不过，彼得格勒苏维埃却做出决定：逮捕沙皇及其家属，使之处于革命军队的监视之中。英国的乔治五世国王考虑到要联合俄国一同对德国作战，不愿违背那里的民意，因而拒绝接受这位姻亲一家来避难。临时政府随后决定，将沙皇一家送到欧亚交界处乌拉尔的托博尔斯克城安置。

二月革命之后，临时政府由资产阶级上层人物控制，布尔什维克和其他激进团体也成立了苏维埃（即工人士兵代表会议），在彼得格勒城内俨然是"第二政权"。此时国际上和俄国内部民众最关心的，就是那场极其不得人心的战争是否还要进行下去。

十月革命后苏维埃政权发出《和平法令》

1917年春季以后的几个月，俄国各大城市的街头都出现了两种声音。政府官员和财团代表向表情冷漠的民众宣讲说："我们要履行对德作战的同盟义务，把战争继续下去！"布尔什维克的代表却在路人欢呼声中高喊："不要再替帝国主义卖命！打倒战争！"

英法为拉住俄国新政府继续提供援助，德国则表示愿意媾和并一度暂停了东线的进攻，同时想争取俄内部的反战派。二月革命爆发时，列宁等布尔什维克领导人大多流亡在国外。消息传到瑞士，列宁马上同德国联系借道回国，德方也提供了专列让其过境，并让其到中立国瑞典再转芬兰。4月间列宁回国，提出的口号便是退出战争和解决农民土地问题。

▲

俄军于 1917 年 6 月发动的攻势遭到奥匈军打击的画面。

▼

表现 1917 年 4 月列宁从国外回到彼得格勒的油画，他在车站前的装甲车上发表演说提出退出战争。

设在冬宫的临时政府和俄国财团贵族不愿议和，是自感离不开英法美的贷款。此时前线部队士气低落，逃兵比比皆是，俄军仍奉政府之命在 1917 年 6 月发起了一次进攻战役，后来人们以临时政府首脑的名字称其为"克伦斯基攻势"。为发动这次攻势，克伦斯基抽调了高加索方面的军队，导致俄军在同奥斯曼土耳其军队的反击下也很快陷入颓势。

俄军在加利西亚和西乌克兰开始进攻的目标，又是奥匈帝国的部队，起初取得了胜利，很快又陷入缺乏补给的困境。7月1日到7日，德军开始反击，不仅击退了俄军还抓到了 6 万多的俘虏，并前进了 100 千米。9 月间，德军抓住俄国内部混乱的时机，发动里加战役并攻

▲
俄国临时政府最后的总理克伦斯基，是俄罗斯社会革命党人，他坚持要留在协约国内对德作战。

占了这个拉脱维亚的首府，接着向爱沙尼亚边界推进，矛头直指彼得格勒。

此时俄国临时政府内外交困，不仅遭民众反对，亲沙皇的顽固势力也想颠覆它以实现复辟。这个政府在八个月内五易其主，风雨飘摇，人心丧尽。看到时机成熟，以列宁为首的社会民主工党布尔什维克派在 10 月末决定发动起义，推翻临时政府。

起义之前，彼得格勒的卫戍部队和波罗的海舰队的基层单位都打倒了原来的旧军官，自己选出了革命委员会，并且废除了军官称呼和军衔，而代以"指挥员同志""战士同志"。苏维埃政权向首都各部队派出政治委员掌握了领导权。首都各工厂

▶

表现俄军在高加索山区同土耳其作战的画作，在前一段连连取胜后，1917 年夏季后俄军也陷入败退局面。

▲

1917 年 11 月 7 日，在十月革命爆发时赤卫队占领了冬宫，并解散临时政府。

10 万名以上的工人在布尔什维克指挥下接受了武器，建立了赤卫队，成为起义的主力。

1917 年 11 月 7 日凌晨，由斯莫尔尼宫内的列宁等人指挥，赤卫队和水兵占领了市内各要点。"阿芙乐尔"号巡洋舰沿着涅瓦河开到冬宫不远处，以发射虚弹进行威慑。此时守卫冬宫的只有士气沮丧的军校学员士官生，发现赤卫队和水兵来攻时只放了几枪，就作鸟兽散，临时政府成员被捕后即予以遣散。

11 月 7 日当天（俄国旧历十月二十五日），全俄苏维埃代表大会在斯莫尔尼宫召开，正式向全国宣布"一切权力归苏维埃"，这标志着十月革命胜利。一个世界历史上前所未有的打倒贵族老爷、由工农兵当家做主人的政权就此建立起来，从此改变了俄国乃至世界的命运。

苏维埃新政权全俄委员会建立后，马上向全国发布两个宣言——《和平法令》《土地法令》，宣布退出帝国主义战争，并没收贵族地主的土地庄园。逃出彼得格勒的临时政府总理克伦斯基纠集军队反扑，却只有军官团和士官生服从其命令，军队三天内便被击溃。11 月 12 日，布尔什维克在莫斯科城内经过较激烈的战斗，取得了起义胜利并占领全城，其他俄国大城市一时也都成立了苏维埃政权。

此时在莫吉廖夫大本营俄军总司令杜鹤宁，不肯接受新政权命

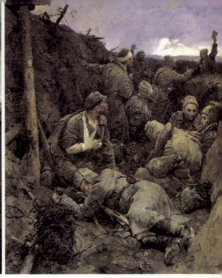

1917 年 11 月，列宁在全俄苏维埃第二次代表大会上讲话，成立苏俄政权，并宣布俄国要退出帝国主义战争。

苏联油画《宣布和平》，这幅画表现了俄军长期陷入堑壕对峙战后士兵日益疲惫厌战，得知《和平法令》发布后感到有了希望。

令，下属士兵马上将他杀死。两星期内，前线各集团军也都通电服从苏维埃政权，人称这是"宣言革命"和"电报胜利"。

此时布尔什维克在全国只有 20 万党员，能取得掌握政权的奇迹般胜利并非偶然，是因为政策得人心才一举得天下。当时城市大多数工人和"穿着军装的农民"——士兵几乎都站到反战、反地主的苏维埃一边，能够保卫贵族和临时政府的只有"军中知识分子"——出身富家的军官和军校士官生，而他们又群龙无首。

以屈辱和约退出大战并建立红军巩固政权

彼得格勒起义胜利后，苏维埃政权命令前线各集团军仍坚守阵地，等待同德国签订和约。此时俄军得知《和平法令》发布后，极度厌战的士兵却牵马扛枪蜂拥挤上火车，各自回家乡，上千万人的旧军队一个月间便烟消云散。此时苏维埃俄国政权只在彼得格勒、莫斯科等地有 20 余万民兵性质的赤卫队和 4 万余名革命水兵可调用，还没有建立正规军。

政权要想稳固，必须有自己的军队。苏维埃政权建立后，马上改变过去以民兵代替常备军的设想。1918 年 1 月 28 日，俄罗斯苏维埃人民委员会通过法令，宣布建立"工农红军"。苏俄工农红军建立时的宗旨，正体现了共产党人实现民族解放、阶级解放的初心，在世界上首创了军内民主、党委制、政治工作制、官兵平等和为工农服务等原则。这支军队在此后几十年里，曾经成为苦难的中国人民以及世界上众多被压迫民族进行革命斗争的榜样。

▼

苏联油画《最早的红军战士》，表现了 1918 年 1 月苏俄政权宣布建立红军时的情景，当时服装混乱，人数也不多。

为建立大规模的红军部队并巩固各地政权，苏维埃政权最重要的问题就是争取时间，为此列宁派出代表同德国谈判签约。此时英法美等国要求苏俄政府继续对德作战，甚至称如打下去可为俄军每个官兵发军饷。11 月 29 日，苏俄外交人民委员托洛茨基向各国使馆发出通知，宣布本国已退出战争，并呼吁各交战国停战，商定不割地、不赔款的和平协定。

苏俄的这一呼吁，代表了经受帝国主义战争苦难的各国民众的心声，却触犯了列强想通过战争进行掠夺的利益目标。协约国各国宣布不承认苏维埃政府，于1918年1月从彼得格勒撤出使馆。

处于两线作战的德国，此时希望能结束东线战事，同意在布列斯特城进行和谈。1917年12月3日，苏维埃政权派出以外交人民委员（即外交部长）托洛茨基为首的代表团到达这座德军占领下的白俄罗斯城市开始谈判，同时苏德双方同意达成临时停战。

德国一向有扩张掠夺的传统，谈判时只尊重实力，在看到东线俄军已逃散后就提出苛刻条件。德方要求，苏俄不仅要将德军已占领的波罗的海地区相让，还要承认乌克兰独立，并以"俘虏赡养费"的名义支付30亿马克赔款。同时，德军已在前线集结了29个师约60万进攻部队，签不签订和约已关系到苏维埃政权的生死存亡。

▲
表现苏俄外交人民委员托洛茨基于1917年12月到布列斯特城同德国谈判的画作。

接到德国的苛刻条件，苏俄领导人进行了辩论，列宁主张接受的意见不被大多数人所赞同，布哈林主张拒绝的意见得到多数人拥护，谈判代表团长托洛茨基的态度是不战不和。德国的条款确属掠夺性要求，苏俄政权却没有多少可供抵抗的武装。

2月18日，德国发出最后通牒，要求立即答复。托洛茨基此前曾答应了列宁的秘密约定，先努力谈判争取好一点的条件，若接到最后通牒就马上签字。此时他却回答德方说："我们退出战争，也拒绝签订和约。"第二天，德国发起全线进攻，军队长驱直入逼近彼得格勒。

在此危急时刻，苏维埃政权临时动员起几万名赤卫队和红军人员，于2月23日在普列科夫进行阻击，暂时拦住了德军前锋，这一天后来被苏联定为红军建军节（苏联解体后这天被改称武装力量日）。不过德军如增兵再进攻，前线刚建立的少量红军势必难以抵挡。苏俄政府为安全起见，马上迁都莫斯科。

面对严酷的形势，列宁以现实主义态度在中央会议上宣称，如

▲

苏联著名油画《红军诞生了》，表现的是1918年2月23日刚组建的红军在普列科夫阻击德军推进的成功，这一天也成为苏军建军节。

不接受自己的意见就辞职，多数人此时也相信了列宁的预言——如不在和约上签字，三个星期之后就得在苏维埃政权的死刑判决书上签字。尽管德国随之提出的条件更苛刻，苏俄政府还是同意接受，3月3日签订了布列斯特和约。

这一和约规定，苏俄割让波兰和库尔兰地区给德国，允许波罗的海沿岸、白俄罗斯和乌克兰独立（实际由德国占领军控制），高

这幅苏联油画表现了新建
的红军接受检阅的情景。

1918 年 3 月 3 日布列斯特
和约签订时的照片。

加索的巴统地区让给土耳其，解除海军的武装，并付 60 亿马克巨额
赔款（要以黄金支付）。德国在条约中的保证，只是不干涉苏俄内政。
随后苏德两国恢复外交关系，俄国自此彻底退出了第一次世界大战。

布列斯特和约使俄国割让了西部土地，丧失了 5000 万人口（还
不包括过去所占领的波兰的人口），丢掉了最富饶的粮仓乌克兰和
最大的工矿基地顿巴斯。这些条款在俄罗斯人看来，确实是极度的
屈辱，不过这一忍辱负重换来了苏维埃俄国几个月的喘息时间。

为防止德军以违约为借口再进攻，苏俄签约后以黄金向德国支
付赔款。沙俄过去是世界最大产金国之一，政权终结时还存有 1300
吨黄金，在诺夫哥罗德和喀山各储存约一半。1918 年夏秋之交，苏
俄将诺夫哥罗德金库中的存金交德国国家银行接收并分批运往柏林，
不过未交完时就因大战结束而停运。

1918 年上半年内，苏维埃政权通过紧急征兵，又下令征召一些
旧军官，在政委监督下担任指挥员，迅速建立起 190 万人的军队，
至 6 月间有 40 万人完成了装备和训练可以投入战斗。此刻全国范围
的反革命叛乱发生，出现了列宁所说的"苏维埃共和国被敌人包围了"

的危急形势，幸亏有苏俄共产党（由布尔什维克改称）领导的这支红军捍卫住政权。

苏俄退出战争后，1918年4月协约国就以"扶俄（指旧俄）抗德"之名采取干涉，目标是复辟俄国旧政府并恢复对德作战的东线。英军占领了俄北部港口，美军和日军联合进占俄远东的海参崴，日本派出的7万军队还深入俄东部滨海区和西伯利亚南部。这些干涉军支持各地的反共白卫军，帮助他们建立伪政权，全俄境内大部分地区一时都被白军控制。

此时俄国各派白卫军蜂起，各派势力却互不相容甚至火并，有些实力派想抬出被软禁在乌拉尔的沙皇或者他的子女。此前，临时政府和苏维埃政权给了尼古拉二世一家以生活优待，却禁止其同外界联系以图复辟。1918年7月，东部的白卫军兵分两路，一路指向沙皇一家在乌拉尔被囚禁地叶卡捷林堡，一路指向存有旧俄一半黄金的喀山。

守卫乌拉尔的红军兵力很少，莫斯科与当地联系的铁路也被切断。此时若有任何皇室成员落到东部以高尔察克海军上将为首的白卫政权手中，都会成为凝聚全俄反动势力的旗帜。

为打破东部白军"挟天子以令诸侯"的企图，7月16日乌拉尔的"契卡"（肃反委员会）处决了沙皇一家，并将尸体秘密掩埋。几天后，白卫军就攻占了叶卡捷琳堡，却找不到沙皇一家，也未发现埋尸处。当时在俄国境内的沙皇家族成员也纷纷被逮捕，随即遭遇到了与沙皇相同的命运。

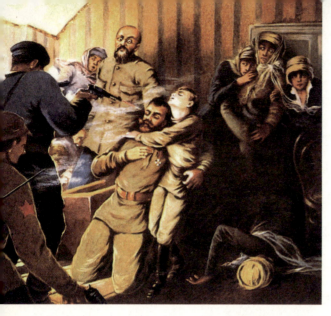

▲
描绘末代沙皇一家
被秘密枪杀的画
作。

沙俄亡国之君一家的命运在国内并未得到多少同情，原因是民众切身痛感到他们造成的巨大战争灾难。

8 月间，白卫军攻占喀山。红军撤走前将库存的黄金 100 吨运到莫斯科，未来得及运走的 500 多吨落入高尔察克政权之手。这批黄金的下落众说纷纭，成了百年未解之谜。

在苏俄国内战争中，白卫军没有统一的组织领导，外国干涉军因厌战陆续撤退，红军以各个击破的方式，先后打垮了邓尼金、高尔察克、尤登尼奇等白卫军，并与波兰军激战后媾和。至于列宁形容的"与强盗妥协"的《布列斯特和约》，在 1918 年德国投降时就被德方放弃和苏方废除。

俄国退出第一次世界大战后，又经历了三年损失更为惨烈的内战，靠着革命者的奉献和赤诚，新生的政权和红军才战胜了饥饿和困苦，在长期被战火蹂躏的废墟上建立起苏维埃社会主义共和国联盟（简称苏联）。这个政权散发出铲除剥削压迫的理想主义光辉，为包括苦难的中国人在内的全世界被压迫民族指明了解放的方向，后来又成为进步人类战胜最邪恶的法西斯的主要希望。

第七章

德国在西线
孤注一掷
最后失败

▲

1918年春夏德军在西线发起最后攻势的画面，刚研制的坦克也投入战斗，不过其战斗力已成强弩之末。

1917年至1918年春，第一次世界大战从表面丝毫看不出任何一方有即将胜利的迹象。英法联军和德军对峙的防线都近乎固若金汤，双方一筹莫展，不过外部却发生了影响全局的重大事件。第一件是财大气粗的美国终于参战；第二件就是俄国发生了革命最终退出战争，过去可以牵制德军和奥匈军的东线战场不复存在了。协约国方面既显得沮丧又有了新的希望。德军能摆脱"两线作战"的困境，集中兵力于西线，第一次世界大战就此进入了最后决战。

作为协约国的意大利军大败后靠盟友支撑

俄国二月革命爆发后，德国一面争取在东线停战，一面想把意大利打出战场，然后再集中力量于西线。1917年秋季，德军在东线仍保持150多万兵力并同奥匈军一起监视俄军，又抽调部分兵力到意大利战场，配置于西线的 300 万部队则在堑壕阵地中采取守势。

参加大战的意大利军队形象，在山区长期驻守斗志日益消沉。

这一年 9 月间，意大利北部山区僵持了两年的阵地上出现了一支有 8 个德国师和 8 个奥地利师的新锐部队。此时完全失去古罗马武士传统的意大利士兵大多追求安逸，厌倦北部山区高寒战线的生活，前线 100 多万部队中近三分之一的人开小差或称病离开战场。意军被迫恢复了欧洲文明军队废弃已久的野蛮肉刑——对逃跑者不仅关押，还要用皮鞭、军棍毒打。

意大利军队实行的惩戒，不仅没有激励斗志，却导致不少士兵向敌投降。有一次竟有整整三个团的士兵扔掉武器，跟在一面白旗后面奔往奥军阵地。此时意大利军队中的一位当过记者和编辑的士兵墨索里尼，就在前线目睹了这种士气沮丧的场面，他本人也以负伤为由退伍离开了军队。

10 月 24 日，在德军副总参谋长鲁登道夫统一指挥下，25 万德奥军发起了对意大利的最大的一次攻势——卡波雷托战役。德奥炮兵首先用烟幕弹和毒气榴霰弹交替密集轰击，这些炮弹散发浓烟或恶臭，使防守者难受而疏忽了防毒面具，结果很快被芥子气所窒息，意大利生产的劣质防毒面具对于这种毒气也起不到防护作用。

被毒气攻击搞得惊慌失措的意军开始向后逃窜,德奥部队冲过防线缺口,绕过孤立地区的抵抗,从后面包围残敌。进攻发起当天,意大利在卡波雷托的战线就出现了彻底崩溃,25个师的守备部队溃不成军。10月27日,意军统帅部下令撤退,幸存者向后跑了100多公里,丢掉全部山区阵地,零散地跑到皮亚韦河后面才重新整队集结。

此次卡波雷托战役,德奥军以16个师攻击意大利的55个师,只付出轻微代价,就击毙意军1万多人,打伤3万多人,俘虏29.5万人,还缴获了对方的大部分武器装备。胜利者兴奋地高呼"奥地利万岁""向罗马进发"。只是因山路崎岖,德奥军因缺乏车辆和马匹运输,被迫停下来,未能占领意大利北部名城威尼斯。

表现奥匈帝国军队在意大利北部山区击溃意军的画作。

这次进攻中,德国的鲁登道夫上将又一次显示出指挥才能,随后总参谋长兴登堡基本不干预军队具体事务,把指挥权交给这个"新星"。此次战役中,德军山地部队一个中尉获得铁十字勋章,从而在军队中有了名声,他就是隆美尔。有讽刺意味的是,第二次世界大战中这个号称"沙漠之狐"的德军非洲军团司令到北非同意军并肩作战时，据说曾指着自己的胸前嘲笑过意大利人——"是你们让我获得了这枚勋章！"

看到意大利战场的危机，英法意三国组成以法国统帅福煦为主席的最高军事委员会。在他统一指挥下，12月间有6个法国师和5个英国师被调到意大利北部前线，才稳住了战局。

进入1918年以后，意大利北部战场基本靠法国和英国部队防御，孱弱的意军几乎丧失了作战信心，其国家所需的许多物资包括燃料煤都要协约国供应。不过这一战场却沉寂下来，当地德军大都被调到西线，奥匈帝国留在那里的30万部队因国内物资供应困难，也无力发起新攻势，至1918年夏秋开始节节后撤退回其国内。

意大利海军在战争期间拥有1艘老式战列舰和3艘新型战列舰，参战后又得到地中海内英国和法国海军的支援。奥匈帝国海军只有4艘新型战列舰和少量老式战列舰，被英法意联合舰队长期封锁在亚得里海的港内。意大利舍不得以大舰出击，利用亚得里海狭窄、风浪小和双方军港距离近的有利环境，频频以鱼雷艇袭击对手。1917年12月9日，意大利两艘鱼雷艇潜入奥军港口，发射两枚鱼雷击沉了"维也纳"号老式战列舰。1918年6月10日，意大利海军两艘鱼

▲
1917年末，法军投入意大利战场抗击德军进攻的画面。

▲

1918 年 6 月 10
日，意大利海军两
艘鱼雷快艇借着清
晨雾气，突入奥匈
帝国海军编队，以
鱼雷击沉"圣伊什
特万"号战列舰的
画面。

雷艇利用清晨浓雾，冲入奥匈帝国舰队的编队内，以两枚鱼雷击沉了新式的"圣伊什特万"号战列舰，在世界海战史上创造了以 30 吨的小艇击沉 2 万吨战列舰的战例。

尽管意大利海军取得过一些战史上有名的战例，对奥匈帝国的封锁还主要依靠英法舰队帮助。大战期间英法长期把意大利视为一个包袱，又需要这一战场牵制奥匈帝国，被迫提供援助又对意军的无能充满鄙视，在后来结束战争的巴黎和会上都不愿让其分享胜利成果。

世界首富美国参战决定了协约国具有压倒性优势

当俄国沙皇政权垮台时，国际上许多人感到德国人可能要打赢。在这个关键时刻，有世界最强生产力的美国加入了协约国，由过去中立的"看客兼商人"站到了英法阵营，英国人和法国人终于盼到了最大的救星！

◄

1917 年英国水兵们兴奋地欢迎自己的美国盟友舰队的画面。

SIDE BY SIDE~ BRITANNIA!

◄

第一次世界大战中美国宣传画表现其与英国利益相关。

美国在 1880 年就超过英国成为世界第一大工业国，19 世纪末至 20 世纪初在国际市场上却受到新崛起的德国冲击。第一次世界大战爆发后，1914 年到 1916 年美国进入 20 世纪后第一个发展的黄金时期，对外物资出口大增使资本家获得高额利润，钢铁、汽车、武器、造船、冶金、化工等工业部门得到迅速发展。美国的国民产值（GDP）在 1913 年为 391 亿美元，1917 年上升为 597 亿美元，到 1918 年战争结束时又达到 758 亿美元，经过这场世界大战差不多翻了一番。

在第一次世界大战的前三年，各交战国越来越穷，而美国则越来越富，这就是"坐山观虎斗"并且乘机发财的成果。尝到了这一甜头，第二次世界大战中的美国表现也是如此。

大战开始后，美国同交战双方都做生意，与协约国却套牢了利害关系。美国卖给英法俄大量军火、粮食，还提供了 100 多亿美元贷款，

若英国和法国崩溃而导致德国称霸欧洲，则收回贷款遥遥无期。1917年春天，美国以潜艇战危害其航运为由，于4月6日对德国宣战。

大战爆发前，美国海军吨位为98万吨，逊于英德居世界第三，开战后迅速建造了16艘战列舰，舰队吨位超过德国。对德宣战后，美国海军除反潜外未参加多少实战，只以陆军在大战最后阶段才投入法国战场作战。

战前美国因两个大洋相隔的地理位置，自认没有地面战威胁。陆军在1917年初仅有13万人。参战时，美军还没有建成一个成型的陆军师，又缺乏作战经验，宣战后国会才迅速批准了《兵役法》，首次以征召形式扩充常备军。

由于美国的居民成分多数是欧洲移民，抢占印第安人土地和扩展领土的过程中形成了几乎家家有枪、成年人个个能射击的传统。不过近代陆军是复杂的步兵、炮兵、工兵、骑兵和辎重兵等兵种的组合，需要进行难度很高的协同和技术训练才能形成作战合力。美国扩建陆军经历了将近一年的过程，到1918年1月扩充至42个步兵师以及1个骑兵师，不过官兵都缺乏实战经验。美军便让远征军司令潘兴先率领少量部队到战场实习，得到经验再推广到所有参战部队。

1917 年 5 月，美国陆军组建了第一个师——远征军第一师，后来番号为步兵第一师。6 月该师先头部队从纽约登船出发去法国，7 月 4 日在巴黎大街上游行，这大大提升了协约国民众的斗志。

通过向法军学习战斗经验，10 月 23 日美军步兵第一师终于进入前线开始作战。经过适应性战场锻炼后，翌年 4 月美国才把大量兵力投入战场。

英法两国由于得到美国援助（当然并非无偿），又有广大殖民地输入原料、劳工，军工生产已压倒德国，尤其是在飞机、坦克制造方面。英军便首先尝试陆战的新方式，发起了战史上有着划时代意义的作战——康布雷战役。

1917 年 11 月 20 日，在法国北部原来僵持的战线上，著名的康布雷战役打响。天亮时，英军飞机出动到前线投弹和扫射，并以飞机轰鸣声掩盖地面出动的坦克的马达声。接着，324 辆坦克沿着夜间用线带标出的车道发起冲击，步兵又将用链条绑紧的长长柴捆投入堑壕将其填满，保证了坦克能越壕冲入敌军阵地。

德军受到坦克出乎

▼

1917 年 11 月康布雷战役的画面。英国坦克进攻得到飞机的掩护，形成了地空协同战。

意料的袭击，前哨部队溃败，再加上飞机的空中攻击，至当天傍晚英军步兵突入了阵地 6 公里，抓到了 7500 名俘虏。素来以强悍著称的德军官兵有这么多人被俘，显示出英国坦克、飞机和步兵协同攻击的巨大威力。

当天英军的进攻损失也不小，有 65 辆坦克被德军炮火击毁，114 辆抛锚或陷在堑壕里，参战的坦克有一半不能动弹。随后几天，德军以步兵为主展开反击，夺回了一些被英军攻陷的地方，英国一些来不及运走的抛锚坦克成了德国的战利品。

英军进行的康布雷战役进展不大，却是人类历史上第一次大规模使用坦克，并与飞机协同的战役，从此军队真正进入了空中与地面、

▲ 这幅画表现的是德军反坦克小队用集束手榴弹去摧毁英国的 MkVIII 型坦克。

▲ 法军以"圣沙蒙"重型坦克向德军反击的画面，协约国在坦克方面的绝对优势有力遏制了德国步兵的攻击。

▲ 法国"雷诺"FT-17 轻型坦克发起集群攻击的画面。

步兵与装甲兵一体化的机械化战争时代。

通过总结使用坦克的经验，英国在 I 型坦克基础上改进生产了 II 至 V 型坦克。法国则主要生产"雷诺"FT-17 轻型坦克，并使这

种坦克具有现代坦克的雏形。FT–17 型突出轻便灵活，并加上一个能旋转 360 度的炮塔，还装配了橡胶履带并有弹性悬挂装置，大大减少了车内颠簸，乘员能舒适地驾驶。FT–17 轻型坦克的出现，可谓一次革命性的技术创举，后来世界各国发展坦克基本都是沿用这一思路。

面对敌方坦克，德国临时采用了用集束手榴弹来炸其履带的方法。接着，德国工厂还紧急研制出大口径的穿透力强的长管反坦克枪攻击其侧甲，还以缴获的英国坦克作为参考，研制本国的坦克。

由于上马仓促，德军利用"霍尔特"拖拉机底盘并加上钢板研制出一种 A7V 型坦克。该型车没有炮塔，有一个方方正正的"箱式"

▲

德军的 A7V 坦克的内部结构剖面图，可看出十几名乘员有复杂的分工。

▲

德军仓促研制出的 A7V坦克，呈方壳状，相当一个活动炮台。

装甲壳体，车头装了一门不可转动的 57 毫米火炮，全重达 33 吨，是当时世界上最重的坦克。它前部最厚装甲达 30 毫米，超过了对方坦克，机动性却很差，最高时速仅为 15 千米。它的车组乘员最少为

18人，除车长、驾驶员、炮手、装填手外，机枪手就有12至14人，活像一个移动的"火力堡垒"。该车的创意，是乘员里面还有信号员和信鸽员，用军鸽实施通信，可谓是坦克战场通信的首创。

美军进入战场之前，已注意到新装备和战术的应用，从英国引进坦克进行了训练，到法国时又装备了法国雷诺公司的FT–17轻型坦克。美国国内又参考法制坦克，自产发动机并进口装甲开始自己研制，从此也走上了陆战机械化之路。

德军最后的强攻虽有进展却出现后备力量枯竭

1918年3月，因苏俄退出战争，德军将东线的一半多部队调到西线，希望在美国部队到达之前打垮英法联军。此时在长度不过700千米的法国北部的战线上（还包括比利时西部的一小段），德军首次占有了数量优势，不过其新型装备却处于劣势，这从下面的西线前方实力统计表就可看出：

	德军	协约国军
兵力：	380万	305万
飞机：	2390架	8254架
坦克：	14辆	672辆
火炮：	14300门	15825门
机枪：	62300挺	28717挺
迫击炮：	9700门	6420门

德国在飞机、坦克数量上处于绝对劣势，说明其军工生产和资源已不能同对手相比。德军第一线兵力略占优势，只说明安排在前沿阵地的部队更密集，后备兵员却远不如对手。

在协约国方面，英法两国的人口都在 4000 万人左右，还有广大海外领地和殖民地。如英国的海外自治领地（加拿大、澳大利亚和南非等地）和印度等殖民地就有 4 亿人口，可从那里补充兵员，英军作战部队就达 600 万。法国从北非等地也得到大量补充兵，军队超过 400 万人，其中包括不少黑人战士。美国有 8000 万人口，第一次征兵就有 400 万人入伍。协约国后备兵员更是超过德国许多倍，除西线作战还有充足的兵力对付奥匈帝国和土耳其。

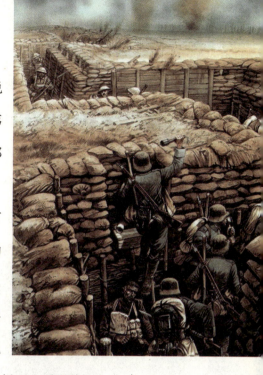

▲
表现德军攻入英军阵地进行堑壕战的油画。

此时德国人口为 6700 万，战争期间先后动员入伍达 1300 万人，17 岁至 60 岁的中青年男子中除工厂和政府部门的必要工作人员和残疾人，其余都被强征入伍。扣除阵亡和残废的损耗，大战末期全军还有近 900 万人，其中作战部队近 600 万人，其余为后勤和支援保障人员。德军主力在西线，还要分兵在俄国、巴尔干和土耳其，最严重的问题是国内补充兵源已枯竭。德国虽然占领了大量地区，却不可能征召那里有敌对情绪的居民入伍，还要分兵去看管。

德国实行"竭泽而渔"的征兵后，农村只有妇女和老幼在田间劳动，在没有多少农业机械的条件下自然造成收获大减。奥、土、保在战时征兵过多也出现劳力不足和减产，没有余力向德国支援粮食。德军在原俄国的占领区内大肆搜刮，却因游击队活动和武力集团抗拒，所得并不多。如1918年夏季俄国被占区（不包括波兰）留下了60万德军和30万奥匈军，他们强征的粮食刚刚能满足自己的需要，运回国内的很少。

1915年以后，德国居民配给的口粮一直下降，与战前相比面粉只及一半，肉类只及六分之一，普通居民要用"瓜蔓"充饥。德国各地黑市充斥，境内为数50多万的犹太人因掌握不少商业财源并控制黑市，多能维持较好的生活，这又导致历史上曾经存在的反犹、仇犹情绪在战时滋长起来。

国内的缺粮严重影响了前线德军的补给，骑兵挨饿时只能吃马料。进入1918年后，英法军队都发现，德国士兵攻入其阵地后，首先要到掩蔽部或阵亡者身上搜索罐头、饼干和糖果等，如有所获就马上狼吞虎咽地吃起来。据俘虏供称，他们经常出现供应中断或减量，靠着"夺取胜利前最后一仗"的动员，德军才能忍受供应上的困苦再发动进攻。

▲
这幅《德国战时家庭聚餐》的画作，表现的是吃的东西越来越不足。

由于缺乏坦克，飞机也不足，重型火炮和弹药供应也少于对手，德军便指望在步兵轻武器上取得优势，并加大化学武器的使用。在1918年春季至夏季的攻势中，德军发射的炮弹几乎有一半都是光气和芥子气这类毒性强烈的化学弹。

此时普通火炮最大射程不到30千米，德军却生产了一种瞄准法国首都的"巴黎大炮"即210毫米的远射程炮（即射向空气稀薄阻力小的大气层再落回），从120千米外向城里滥射。1918年3月23日7时，一声巨响突然在法国巴黎塞纳河畔响起，之后每隔15-20分钟就有爆炸声在巴黎城内响起。晚间法国电台广播为安定人心声称是空袭，又因射来的炮弹威力不大而且无法掌握落点，除造成些恐慌外并没有什么实际效果。

3月间，德军倾其主力部队205个师到西线，向英军发动了"皇帝会战"中的第一次总攻，其规模、兵力与发射的炮弹密度之高可

▲
德国画家表现一次大战末期战壕中德军沮丧形象的油画。

◀
德军在1918年发起最后攻势时炮兵阵地的照片，气球是用于观察校正弹着点。

视为当时世界上最强大、最猛烈的进攻。由于德国缺少飞机、坦克等新型重装备，所以采用了新式的"渗透战术"，以步兵小分队攻击为主。

德军进攻时，采用了"炮兵华尔兹"和"徐进弹幕射击"两种战术，并发射了大量毒气弹，接着著名的精锐步兵"暴风突击队"就跟在炮弹落点之后 300 米左右跟进。

作为前锋冲击的德军"暴风突击队"，都头戴防毒面具，携带大量手榴弹以及 MP18 冲锋枪，该枪采用自由枪机式自动原理、开膛待击的冲锋枪，也是世界上第一支投入实战的冲锋枪。MP18 冲锋枪重 4.17 公斤，供弹方式分为装 20 发的弹匣或装 32 发的弹鼓，射速达到每秒 6 发。因其枪管周围有许多散热孔，战后出口到中国被称为"花机关枪"。

冲锋枪在此时出现，反映了大战期间堑壕作战的需求。战壕内空间有限，传统的步枪虽然威力大、精确度高，却因枪管长而在战壕中使用不便。加上传统步枪弹仓容弹一般在 4 发至 6 发之间，又系手动，打一枪拉一下枪栓上退子弹，敌人冲到面前时往往要以步枪上刺刀肉搏。当时的轻重机枪虽然射速快，却因体积大、移动不便，官兵们就希望手中有一种枪管较短、使用灵活的速射武器。

德国的伯格曼兵工厂根据前线要求，设计出

▼
德军实施突击的"暴风突击队"使用一种特别改进的马克沁机枪（左），并大量装备 MP18冲锋枪。

一款体积小、重量轻、射速快的自动武器 MP18 冲锋枪，一上战场就成为德军突击队最好的武器。德兵冲入对方战壕后，面对英法士兵的刺刀和射速不快的步枪，手里火力凶猛的冲锋枪就能以弹雨轻易扫倒敌兵。

德国士兵手持 MP18 冲锋枪攻入英军阵地的画面。

德军的攻势在发起初期很有效，却只能逼迫对手后撤，是"压入"而没有"突破"战线。4 月 11 日，英国陆军元帅黑格发布了著名的"特殊命令"——"每一块阵地都要坚守到最后一个人，任何人不许退却"。不过在其后的几周内，德军又前进了 100 多千米，靠着美军赶到增援，英国人才稳定了战线。

6 月至 7 月间，德军针对南部的法军防线继续展开一系列大规模进攻，尤其是最后一次"马恩河攻势"逼近巴黎不到 30 千米处。

7 月 12 日，德军的最后攻势指向贡比涅，此地后来还成为两个投降协定的签字地。法军在此地顽强抗击，7 月 17 日德军因弹药兵员基本耗尽而后退。这次进攻，是德国在第一次世界大战中最后一次战役进攻，耗尽了最后的战略预备队。

英法两军损失虽不小，补充兵员却源源不断，美军以每月 20 万人以上的速度登陆法国并开上战场。在新锐武器方面，协约国又占据了绝对优势。到 1918 年秋，英军拥有 2636 辆坦克，法军拥有 3870 辆坦克，美军拥有 150 辆坦克，德军只有 45 辆坦克。德军在西线孤注一掷的赌博失败后，协约国就依靠飞机、坦克和火炮的绝对优势开始反攻。

协约国反攻和德国求和导致同盟国阵营崩溃

1918 年 7 月 18 日，英法美联军在法国福煦元帅的统一指挥下，开始了连续的进攻，前进速度每天只有几公里。直至战争结束，协约国军队都没有出现大规模机动战，这也是受当时西线堑壕密布和双方重兵成纵深配置所限。

8 月 8 日，英法联军在亚眠展开总攻。在 1000 架飞机的掩护下，500 辆坦克开道为步兵打开缺口，英法部队创造了一天内向前推进 11 公里的纪录，以自身伤亡不过 1.2 万人的代价，击毙俘虏德军 2.8 万人。

德国前线最高指挥官鲁登道夫上将称这一天是"德军最黑暗的日子"，对协约国反攻的规模和能力极为震惊。

在这个"黑日"，鲁登道夫声称前途已绝望，必须尽快议和，同主张坚持作战的兴登堡发生了公开争吵。此时，德皇威廉二世已基本不插手军队指挥，却也感到

► 表现 1918 年夏天美国远征军在法国北面向德军攻击的油画。

► 1918 年 8 月以后的德军士气沮丧，战场上有不少人投降就俘，这幅画作就反映了这种情景。

应尽快停战，争取一个好的条件。他同兴登堡元帅等人商议后，在 9 月中旬正式请中立国荷兰出面调解。

9 月间，盟军继续加强攻势，新到达的美军数量已超过了 150 万人，作战表现也超过各方预想。在圣米耶尔战斗中，美军以伤亡 7000 人的代价突破防线，俘虏德军 1.6 万人。

9 月 26 日，保加利亚以让出所掠领土和保留王室统治为条件，宣布解除与德奥土的同盟关系，并于 9 月 29 日在希腊签订停战协定。这个小国退出战争的影响却很大，标志着同盟国阵营开始瓦解，并使德国和土耳其的联系中断，奥斯曼帝国失去支援后崩溃在所难免。

9 月 28 日，德军总参谋部召开会议，鲁登道夫在讲话后竟因虚脱倒在地板上。他醒来后，马上劝告兴登堡撤出西线所占的外国领土换得停战。次日，兴登堡同意这一意见，还向德皇提出应成立一个协约国可以接受的政府。10 月 4 日，德国政府宣布接受美国总统威尔逊在 1918 年 1 月 8 日提出的"十四点计划"，提议以此为基础谈判停战。

▼ 美国的威尔逊总统，他在 1918 年提出"十四点计划"却最终未完全兑现。

其实，美国总统提出"十四点计划"时，正值俄国退出战争而协约国形势不妙之际，里面的条件只要求德国退出所占领土，将普法战争中割去的阿尔萨斯和洛林归还法国，并允许波兰独立，还没有要求投降。到了 10 月间，战局已是时过境迁，协约国方

面提出的停战要求是要德国"无条件投降"。

德国求和的消息传出，不但没有得到预想的好条件，反而加速了自己阵营的瓦解。美国总统的"十四点计划"包括"奥匈帝国民族自决"，也包括"土耳其统治的其他民族有在'自治'的基础上不受干扰的发展机会"。德国宣布承认"十四点计划"，等于放任奥匈帝国和奥斯曼帝国这两个多民族构成的帝国瓦解，奥土两国得到

这一消息马上就走向分崩离析。

奥匈帝国听到德国宣布接受"十四点计划"，境内 4000 万即占人口五分之四的非德意志民族如匈牙利人、捷克人、克罗地亚人等都要求独立，原是多民族"大杂烩"的军队内部也是官兵各奔东西。

10 月 28 日，捷克斯洛伐克率先宣布独立。

10 月 29 日，斯洛文尼亚、克罗地亚宣布独立，被占领的塞尔维亚国宣布复国。

10 月 31 日，匈牙利王国宣布独立。

奥匈帝国就此解体，德意志族的奥地利人也无法再战，原来的奥地利皇室下台而成立了共和国。11 月 3 日，奥地利共和国和匈牙利王国与协约国代表在意大利北部签订《朱斯蒂别墅停战协定》。

奥斯曼土耳其帝国早已老迈衰弱，在 1915 年加里波利战役成功后其军队一度提升了士气，已属超常发挥。久战消耗和内部阿拉伯民族的反抗，不可避免地让这个腐朽的帝国衰落下去。尤其是英国的劳伦斯上校等人到中东的各阿拉伯部落进行联络，许诺推翻土耳其统治后就让他们独立建国，因此当地建立起不少反土武装。这些人当然想不到，1917 年 11 月英国外交大臣贝尔福又致信国际犹太人联盟，为争取他们的财力支持而许诺战后支持他们到巴勒斯坦建国，"贝尔福宣言"就此成为以色列复国的依据。这种阳奉阴违的恶毒政策，成为了后来地区冲突不断的导火索之一。

1917 年 12 月，英军在阿拉伯人配合下攻占耶路撒冷，土军士气严重下降。德国虽派了一个军到中东战场增援，仍无法扭转局势。1918 年 6 月，驻土耳其的德国军事顾问赞德尔斯报告："逃兵在人数上远远超过仍服军役的人。"10 月间土耳其当局得知德国求和，以恩维尔等"三大帕夏"为首的"青年土耳其党"首领潜逃出国，失去亲德少壮派支持的苏丹向协约国乞和。10 月 30 日，奥斯曼帝国签订了《穆德洛斯停战协定》，土军放弃作战。

德国在 10 月上旬的公开求和，从结果看纯属"偷鸡不成蚀把米"，

▼
表现英国上校劳伦斯鼓动阿拉伯人反抗土耳其的画作，然而他让这些地区独立的许诺后来并未兑现。

▲
中东战场上英军向
土耳其军发起进攻
的画面。

▲
英军在法国北面向
德军阵地反攻的画
面。

不仅没有得到好条件，反而导致盟国全部丧失，只剩自己对抗有二十多国参加的协约国，军民也都丧失了斗志。

此时英法军在前线发起一轮新攻势，德军在法国北部和比利时逐步收缩战线。鲁登道夫见获得宽大条件无望，于10月26日以辞职避责出国，德军归已经70岁的老元帅兴登堡统管。

德军且战且退时，10月16日这一天巴伐利亚第16后备步兵团在前线遭受攻击，团内的下士传令兵阿道夫·希特勒中毒失明。此前他曾得到短期休假回国，据称看到"安全的、未受骚扰的后方有大批投机钻营者、装病逃避责任者、出卖者（指要以革命推翻帝国的人），还有对德国这个祖国既不热爱也不尊敬的犹太人"。希特勒对这些人充满了敌视，说他们在最严峻的时刻出卖了战斗的前方，部队内相识者都说他充满疯狂的仇恨情绪。

在遭受英军攻击的10月16日这天，据团内的人回忆说德军阵线上已是谣言四起，传闻不少部队业已哗变，导致军心动摇。突然有一波被炮弹掀起的尘土带着刺鼻的气味涌进战壕，有人高喊了一声"毒气"。士兵们慌忙戴上防毒面具，靠着战壕的土墙坚持了几小时，因防毒面具内的空气变得浑浊不堪，有个新兵因憋得难受而将面具取下想吸取新鲜空气，结果马上吸进致命的芥子气，窒息得口吐白沫，咕噜作响地倒地死去。

巴伐利亚第 16 后备步兵团坚持到拂晓，毒气才慢慢消散，士兵们撕下面具大口地吸着还带着芥子味和火药味的清晨空气。不过大家喘息未定，空气中又出现大股毒气，不少来不及戴面具的人翻身倒毙在地，幸免未死的人也一个个成了瞎子或半瞎子。靠着有一点模糊视力的人在前带路，后面的人彼此抓住衣尾，一批人跌跌撞撞地前行到急救站，其中就包括那个全失明的 29 岁的下士希特勒。

因毒气失明的希特勒等人，马上被伤兵列车送回国内医院。这些瞎子一时处在身心崩溃的边缘，双眼红肿，不想吃喝而只顾躺着呻吟。经过几个星期治疗，希特勒恢复了视力，双眼退肿后看到的却是帝国旗帜降下，听到的是战争已失败。

▼
1918 年 10 月，当时的希特勒下士中了英军的芥子气，这是他在部队时的照片。

▲
这是表现一次大战
的著名油画《毒气
致盲的士兵》。

据说他悲愤至极眼泪直流，大声咒骂犹太人和国内革命者，并扬言从此要投身政治恢复德国的荣耀。

此时那个下士传令兵希特勒的心理状态，正是众多德国军人的情绪反映。在大战末期，德军进行扩张战争虽已失败，他们却不承认本国的侵略罪行并不肯服输，复仇情绪就此在胸中积下。

第八章

大战结束
却埋下
德国复仇再战的种子

▲
表现协约国在巴黎以西的凡尔赛商定和约的油画。

1918年10月末，德国高层把求得"体面和平"的希望寄托在实力仍完整的海军身上。舰队水兵却发生反战暴动，短短数天之内革命蔓延到整个德国，皇帝威廉二世被迫退位流亡荷兰。同样信奉"安内"重于"攘外"的德国政界和军界头目，迅速与协约国签订了等于投降的屈辱的停战协定，集中镇压了国内进步力量。胜利者在随后的巴黎和会上，制定了一个让德国割地赔款的《凡尔赛和约》，全德各阶层就此认为接受停战是圈套却难以反抗。虽然德方代表忍辱在和约上签字，国内却弥漫着复仇情绪，战胜国之间又因分赃不均激化了矛盾，第一次世界大战的结束也就酿成第二次世界大战的起因。

德国十一月革命爆发后军方签订停战协定自废武功

自1916年日德兰海战之后，德国海军只以潜艇出击，战前耗费巨大财力打造的"大洋舰队"停在军港内。水兵们看到社会民众生活每况愈下，日益滋长了对皇室的不满。1917年8月，威廉港内12艘军舰的水兵准备组织起义，因暗探告密许多水兵被抓捕，两名起义领导人遭枪毙。这一史无前例的事件说明海军内人心已不稳。

1918年9月，德皇为平息国内民众的不满，下令改组政府，并释放政治犯。10月7日，德国社会民主党内的"斯巴达克派"通过《告德国人民宣言书》，提出要推翻政府，仿效俄国建立苏维埃。10月20日，社会民主党左派领导人卡尔·李卜克内西被释放出狱，马上在柏林工人的欢呼中组织游行，随后国内各大城市的工人纷纷响应，第二帝国"后院起火"。

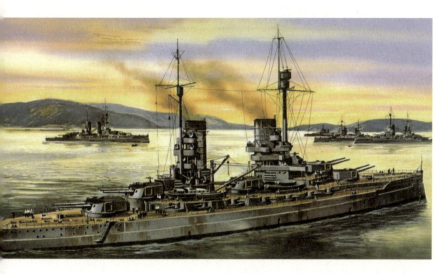

◀
表现德军"大洋舰队"被困在港口内的油画，战时德国大型战列舰只同英国海军做过一次决战。

1918年10月下旬，德国"大洋舰队"接到命令，要他们执行一项匪夷所思的任务——出海进攻英国。此时威廉二世皇帝和兴登堡元帅苦思后想入非非，根据200年前第二次英荷战争的旧例，认为那时荷兰海军攻入泰晤士河逼迫英国在谈判桌上让步，赢得了体面的和平。如今，德国陆军在地面战中节节败退，海军出击又成为迫使对方让步的最后希望。

仓促间制订的这个出击计划，要求驻法国北部和比利时沿岸前线基地的德国海军轻型舰艇利用暗夜出动，对英国泰晤士河口进行一系列袭击，引诱驻守苏格兰斯卡帕湾的英国"本土舰队"南下驰援。

此时埋伏在英国舰队航道附近的德军鱼雷艇和潜艇将在途中实施攻击，以全力削弱对手，德军"大洋舰队"又集结所有可以作战的军舰前往进行决战。

　　了解双方海军力量对比的人，都会认为这是一厢情愿的不切实际的决战计划。此时德军曾经的撒手锏潜艇战在协约国的打击下发挥的作用微乎其微。主要是因美国参战后派来大批驱逐舰参加护航，协约国和部分中立国的 1.67 万艘商船都编入护航船队，在护卫舰、驱逐舰护航下有 99% 都顺利抵达了目的地，一年半内被击沉的不过167 艘。英美海军采用了新型声呐，又以布雷和出海口封锁办法防潜，1918 年内一艘德国潜艇平均只能执行 6 次任务就会被摧毁，这种战局导致了潜艇部队已不愿出击。

　　停泊到法国和比利时北部港口的少量德国轻型舰只，此时因英法美舰只封锁已难以出击。德国的"大洋舰队"的战列舰、巡洋舰等大舰虽基本没有损失，其数量却只相当英舰的一半，火炮口径和航速又处于劣势。此外，有 16 艘新锐战列舰的美国海军也加入英军阵营，德方主力舰出击便会遭到实力几倍于己的对手围攻，只能全军覆没。

　　10 月 29 日，舰队司令希佩尔奉命率"大洋舰队"的 22 艘战列舰和战列巡洋舰、12 艘轻型巡洋舰和 70 艘驱逐舰驶离港口，准备开往英国。他对此行感到绝望，却要执行命令，而许多水手得知计划都大骂这是让他们"送死"。舰队刚要离港，几艘主力舰上的水兵就发生哗变。舰队司令希佩尔下令平息反抗，却因众怒难犯也决定不执行作战计划。

　　水兵抗命罢战的消息迅速传开，最大的海军基地基尔港内许多人群起响应，海军当局无法镇压。11月3日，起事水兵控制了军港，还学习不久前俄国革命的榜样建立了士兵委员会和苏维埃。他们还向全国提出，要威廉二世皇帝退位，建立多党派的民主政府。

　　得知德国发生革命，以列宁为首的苏俄政府非常兴奋并表示支持，派驻柏林的大使还会见了前来寻求支持的李卜克内西等人。11月5日，德国政府宣布同苏俄断绝外交关系，并驱逐其大使出境，却无法阻止国内的事态发展。

▼
————
德国基尔水兵举行
起义的照片。

　　11月5日，德国第二大城市汉堡7万名工人举行罢工，并在基尔港派来的水兵援助下控制了全城，成立了苏维埃。11月6日，莱

比锡、斯图加特和汉诺威等地的工人、士兵也举行了起义。11月7日，慕尼黑也有工人和部分士兵起义，并控制全城。不过德国的苏维埃并非是由共产党人领导，只是反对德皇统治的临时组织。

德国的这次运动，被称为"十一月革命"，与俄国的二月革命相似，是以民众运动的方式逼专制的皇帝退位，建立共和国。起义者虽然一致要求推翻发动战争给本国造成巨大灾祸的皇室，却没有统一的领导。社会民主党内的右翼和帝国的一些上层人物见国内一片混乱，便提出威廉二世退位，由他们来收拾局面。

此时，威廉二世正在位于比利时斯帕的德军总部内督战，首相马克斯·冯·巴登向他报告说，少数社会主义者和工团主义者领导的总罢工已发生，军队无法镇压，这位首相并劝说道："退位是件令人讨厌的事情，可是没有社会主义者参加的政府对国家将有更大的危险。"兴登堡虽然是坚定的"保皇派"，此时也劝威廉二世退位，认为是避免出现内战的唯一办法。德皇又询问了28名将军，是否能从前线调回部队来保卫王室，其中有27名将军的回答是根本办不到。

德国将领们的表态，说明上层中多数人认为威廉二世已是实现和平的最大障碍。他们都幻想，如果德国作为一个共和国出现在协约国面前，会获得较好的谈判条件。威廉二世见自己失去威望，于11月9日宣布退位，当天就同皇太子威廉等人一起逃往宣布中立的荷兰避难。他们逃走4天后，刚建立的共和国宣布没收皇室财产，价值约为2亿金马克（当时合5200万美元），此外还有境内的114处宫殿、城堡和庄园，以及大量土地和艺术品。

11月9日，柏林城内宣告成立共和国，社会民主党领袖弗里德里希·艾伯特暂时主政。这个共和国的领导人是右翼，在其成立当天，"斯巴达克团"领导人李卜克内西在皇宫前的大会上宣布反对政府，主张成立"自由社会主义共和国"，还得到不少工人支持。控制政府的艾伯特马上同兴登堡商议，因国内已乱，新政府不能期待新的谈判筹码，只能接受协约国的苛刻停战条件。

▲
德国威廉二世皇帝逃亡前向阵亡者墓告别的画面。

德皇退位前四天即11月5日，协约国声明同意在美国威尔逊总统提出的"十四点"的基础上同德国开始会谈。11月8日，福煦元帅代表协约国在法国贡比涅森林的专列上接见了德国代表团。他下令宣读协约国提出的停战条件，并要求德国必须在72小时之内答复。

此时德国内部普遍存有一种幻想，即按美国总统在1918年1月提出的"十四点计划"结束战争。德国虽然会丧失一些领土，陆海军主力还能保留，也没有被要求赔款。他们没有意识到，美国政客的主张随着自身利益的变化随时改变，何况"十四点计划"对英国和法国并无约束力。

由于德国政府急于停战以稳定国内局势，在协约国规定的72小时期限到达前，派出政府代表埃尔茨贝格尔于11月11日又到达法国东北部贡比涅森林，登上协约国联军总司令福煦的列车，在车上

签订了"康边停战协定"，按其条款实际是德国的无条件投降协定。

这节德国代表签字的"福煦车厢"，

▲

表现德国代表团到贡比涅的法军车厢内签订停战协定的油画，最右边坐者为法军魏刚将军，立者为福熙元帅。

▼

描绘德国"大洋舰队"开向英国扣押时的油画，德舰同时挂本国和英国旗。

大战后被法国作为胜利象征物保存展览。1940年，在第二次世界大战德国攻入巴黎后，希特勒下令将该车拖到贡比涅森林原处，让法国代表上车签订降约以示报复。

根据"康边停战协定"规定，德国在15天内从法国、比利时、卢森堡、阿尔萨斯—洛林及莱茵河左岸地区全部撤军，并从土耳其、罗马尼亚、奥匈帝国及非洲撤走军事人员，交出5000门大炮、2.5万挺机枪、3000门迫击炮、1700架飞机、5000台火车机车、15万节车皮和5000辆卡车，"大洋舰队"要开到英国扣押以待和约签订再

处理，航空队要将多数飞机降到法国机场看管。这些规定，就是让德军解除主要的武装，若想再战也就没有多少力量。

这时德国高层只盼尽快停战，还幻想签订和约时能有好一些的条件，在半个月内执行了停战协定的要求。如此"自废武功"后，协约国提出再苛刻的条件也难抗拒，只能任人宰割。

1918 年 11 月 11 日，后来就被协约国定为第一次世界大战结束纪念日。当时英国和法国境内一片狂欢气氛，认为以重大牺牲换来了持久和平。这些战胜国内的多数人感到本国付出重大损失，一定要让战败国付出代价，德国的厄运不可避免却也为日后留下隐患。

◀
德国 U 型潜艇在一次大战结束时投降的照片。艇上挂上德英两国海军旗，因扣押地点在苏格兰，所以艇上也有苏格兰旗。

▼
表现大战胜利后英国街头欢庆的油画。

苛刻的《凡尔赛和约》让德国充满屈辱和复仇情绪

德国签订屈辱的停战协定的消息传开，多数官兵都表示气愤，在执行时也出现一些故意的破坏行为。德国航空队最后一任冯·里希特霍芬联队的联队长赫尔曼·戈林奉命率队飞往法国机场，降落时故意用错误着陆姿势毁坏了飞机，他手下的飞行员也效仿此举，让战胜者得到的只是废品。此事传遍德国，还被众多国民称为英雄壮举。希特勒组织纳粹党时，戈林便积极加入，并以过去的名望成为纳粹党二号人物。

11月21日，74艘德国战舰在协约国舰队的押解下，驶入英国北部的斯卡帕湾。按协约国的规定，德舰所有火炮的开火装置在出发时已被拆除，操作的水兵数量被限制到最低，所携带的燃料几乎不能让舰队驶离所到港口。德国海军感到这是奇耻大辱，却也只好照办。

停战后的德军交出重武器，从国外撤回军队，多数军人返回后就地复员。新建立的共和国政府却没有威信，国内各派势力蜂起，军队其实还有左右政局的实力却不敢轻易行动。

李卜克内西获释在柏林发表讲演的照片。

　　1918 年 12 月，柏林召开全德苏维埃代表大会，讨论怎样建立共和国政府。出席大会的 485 名代表中，右派控制的社会民主党的代表有 288 名，左派组织"斯巴达克同盟"的代表只有 10 名，自然没有多少发言权。12 月 23 日，"斯巴达克同盟"召开代表大会，成立了以李卜克内西和著名女革命家罗莎·卢森堡为首的德国共产党，并号召工人反对右翼把持政府。

　　德国共产党刚成立时力量弱小，在柏林只有几百名党员。1919 年 1 月上旬，柏林虽有几十万工人游行表示支持德共的主张，不过共产党人掌握的军事力量不足千人，军界右翼组成的"自由军团"（以过去坚决效忠皇室的近卫骑兵为主）随即就镇压了"斯巴达克同盟"，并于 1 月 15 日杀害了卡尔·李卜克内西和罗莎·卢森堡。2 月间，德国上层人物在小城市魏玛召开了国民制宪会议，制定了确保大资产阶级和容克地主利益的魏玛宪法，宣布成立"德意志联邦共和国"，

▲

巴伐利亚苏维埃建立后武装部队游行的照片，
可看出服装杂乱，成分复杂。

▶

纪念卡尔·李卜克内西和罗莎·卢森堡的邮票。

史称"魏玛共和国"。

魏玛共和国成立后，总统艾伯特马上同掌握军权的兴登堡元帅
勾结，镇压了重要港口不来梅的苏维埃，3月间又武力镇压柏林起义，
据统计战斗中有 1200 余名起义工人被打死。

德国南部的巴伐利亚在战后政治形势复杂，这里是最后加入德
意志第二帝国的一个公国，慕尼黑又有国内唯一一处外国移民区，
当地许多人包括驻军不愿承认魏玛共和国而想独立。4月7日，多种
势力在慕尼黑共同建立了"巴伐利亚苏维埃共和国"。4月13日，
德国共产党掌握了共和国的领导权，并迅速组织了 2 万人的军队，

列宁也马上致电表示："向巴伐利亚苏维埃共和国致敬"。这个政权的领导人中有几位德国籍犹太人，结果反动分子就称其为"共产党—犹太政权"煽动有反犹情绪的人，苏维埃政权内部的杂乱状态也没有来得及整顿。

当时巴伐利亚驻军中许多人拥护苏维埃并参加了红军，眼伤已好的阿道夫·希特勒此前正在慕尼黑的部队内任政治监查员，负责监视士兵的思想。据有些当事人回忆，他们看到过那个留小胡子的昔日狂热反共反犹分子在队伍中还戴过红袖章，竟成了一位"红军战士希特勒"。几星期后反动军队扑来，此人马上指引抓捕军中的红色分子，这就说明了其"混入革命队伍"时的真实目的。同年 7 月，希特勒又到收容所内清除"有斯巴达克思想的人"即受共产主义影响的归国战俘，直至这年深秋退伍。可以说，这个后来震动世界的恶魔走上政治舞台之初的表现，就是充当侦探去镇压革命。

4 月下旬，兴登堡在魏玛共和国政府要求下，调集了 10 万兵力，再加上右翼民兵，一起向巴伐利亚进攻，仓促组建的红军抵挡不住。5 月 1 日反动军队攻入慕尼黑城并进行巷战，五天后完成了镇压。据统计，这次战斗中至少有 2000 名革命阵营的人被打死，苏维埃共和国主要领导人也惨遭杀害。右翼势力此后在该城异常猖獗，左派一直受镇压，慕尼黑也成为希特勒组织纳粹党的策源地。

巴伐利亚苏维埃共和国的失败，标志着德国"十一月革命"的终结。这一革命失败的主要原因是第二帝国统治机构未被改造而仍旧保留，陆军又站在反动势力一边，刚刚建立的德国共产党力量弱小而无法领导广大群众夺取政权。

德国"十一月革命"的发生，本是"第二帝国"发动战争而走向失败导致皇室统治结束和共和国建立。一些军国主义分子为推卸侵略政策的责任，将国内革命说成战败的原因，声称若不是后方出事还可以再打下去。鲁登道夫在战败时逃亡国外，就提出一个"德军没有战败，只是被背后捅了一刀"的谬论，还得到军官团和社会上右翼的普遍认同。

其实从历史进程看，革命前的德国已是内外交困，不发生革命也坚持不下去，协约国军队若攻入德国国内则会造成更大破坏。德国军方"背后捅刀"之说，把仇恨引向"操纵经济破坏后方的犹太人"和"煽动革命"的共产党人，反犹反共就成为右翼势力煽动复仇战争的动员口号。

▲
担任协约国陆军司令的法国福煦元帅。

取得胜利的协约国见德国已没有反抗能力，开始研究如何处置战败国。1919 年 1 月 28 日，以协约国为主的 28 个对德奥宣战国的代表集中于巴黎召开和会，中国代表也受邀参加，苏俄因对德签约退出战争不被邀请，德国代表则只能在会议之外听候处理结果。

谈判都是以实力为基础的交易，参加巴黎和会的名义上的战胜国中只有英国、美国和法国这三家力量最强，日本和意大利也有一定实力，最后形成"五强决定"。此外，参战的胜利国在战时做出的贡献和付出的伤亡，也是索赔的依据。

据战后统计，在 1914 年至 1918 年的大战中，协约国死亡的军人数字如下：

英国	澳大利亚	加拿大	英属印度	法国	法国殖民地
90 万人	6 万人	5.5 万人	2.5 万人	124 万人	11.4 万人
意大利	中国	日本	俄罗斯帝国	塞尔维亚	美国
65 万人	3000 人（均为劳工）	300 人	170 万人	45 万人	5.06 万人

战时同盟国死亡的军人数字如下：

德意志帝国	奥匈帝国	保加利亚	奥斯曼帝国
177 万人	120 万人	8.7 万人	32.5 万人

以上军人死亡总数约 900 万人，平民死亡因包括屠杀、饥饿和生病等难以准确统计，估计也有数百万人。

战胜国中法国军人死亡人数仅次于沙俄，因西线战场绝大部分在其境内又有巨额财产损失，就此希望取得德国工业控制权，还想审判并处死德皇威廉二世。英国也因伤亡巨大，国内民意希望严惩德国，提出的条件却没有法国那么严苛，想保留德国部分力量制约法国。美国不主张对德国有过分苛刻的条款，以便在欧洲平衡各国的实力。

日本仅仅在大战之初在青岛对德国作战，乘机占领此地，在和会上要求将此地和德国经营的胶济铁路都转交给自己，并获得德国在太平洋上的原殖民地。当初英法争取日本参战时曾有过这些许诺，因而表示同意，这又引起要求收回山东主权的中国代表的强烈抗议。

▲
法国画刊的绘画——《现在轮到德国了》，表现了1919年让德国签约是一雪1871年普法战争中法国签约之耻。

意大利在战争中损失惨重，作战表现却极其无能，被盟友鄙视。它索要奥匈帝国西部领土，结果仅分给其一个港区，对此强烈不满。此后其国内法西斯力量崛起，重要原因就是想重新瓜分欧洲。

经过几个月争吵，5月7日巴黎和会终于达成一份和约即《凡尔赛和约》，就是处置德国、瓦解奥匈帝国和胜利者分赃的协定。

《凡尔赛和约》规定，德国要割让13.5%的领土，12.5%的人口给法国、波兰等国，所有的海外殖民地由英国、法国和日本瓜分。

德国陆军被限制在10万人以下，不得拥有坦克或重型火炮；德国海军只能拥有1.5万人和10万吨位的军舰（最大吨位不超过1万吨）；德国不得组织空军，不得实行义务兵役制。

原奥匈帝国分割成奥地利、匈牙利和捷克斯洛伐克，并把一些国土割让给罗马尼亚、波兰和南斯拉夫等国家。

根据协约国赔偿委员会决定，德国共需赔偿 2260 亿马克（约合 113 亿英镑）且以黄金支付。

协约国发布的《凡尔赛和约》，给幻想有较好停战条件的德国人以晴天霹雳，许多人感到相信美国的"十四点计划"和签订停战协定是上了大当。全国各界纷纷举行游行要求政府拒绝签字，临时政府总理谢德曼更高声喊："谁在这个和约上签字，就让谁的手烂掉吧！"

6月16日，协约国向德国发出了最后通牒，必须在24日以前接受和约，否则停战即告失效，这意味着要发起进攻。总统埃伯特马上向德军最高统帅部提出："如果最高统帅部认为军事上抵抗有些成功的可能，我就设法使议会拒绝接受和约。"

兴登堡元帅马上答复说："一旦战端重起，我们能够攻克波兹南省，守住东部边境，在西部，很难指望我们能抵抗敌军的强大攻势。"

◄

表现 1919 年 6 月 28 日《凡尔赛和约》签署，英国首相劳合·乔治签字的画面。

德国已经交出陆军多数的重武器和舰队，军方上层认为再战只会造成陆军珍贵的军官团覆没，甚至可能导致德国的灭亡。

在距协约国最后通牒期限只差 19 分钟时，德国代表在凡尔赛条约上签字。

此时被扣押在英国斯卡帕湾的德国"大洋舰队"得知和约内容，知道原想保存部分军舰的希望破灭，于 6 月 21 日各舰间传递了约好的"彩虹"信号，即沉舰而不让其落入敌手。英国人发现后，召集士兵强行登上德国军舰，甚至射杀了部分士兵，却无法阻止水兵打开海底阀门放水。包括 10 艘战列舰、5 艘战列巡洋舰在内的 52 艘战舰沉入大海，只有 1 艘战列舰和部分轻型舰艇被赶去的英国拖船拖到海滩上搁浅成功。"大洋舰队"的自沉，让想分到军舰的协约国恼怒不已，随后又没收了德国一些造船设备作为补偿。

此时德国多数人对战争结局的看法就是"成王败寇"，认为"我们唯一的罪行就是战败了"，憋着一口气想向战胜国进行报复。德国

▶
油画《斯卡帕湾自沉事件》表现了 1919 年 6 月德国不甘交出军舰的海军官兵自沉军舰后的场面，英军监视官兵虽愤怒也无可奈何。

▶
德国"大洋舰队"战列舰自沉的照片。

战败后只保留 10 万陆军，对每个人都按军官标准培训。加上德国历史上缺乏民主土壤，魏玛共和国和此前的德意志帝国没有多少区别，只不过换了块招牌。同民主相比，复仇的口号更能煽动德国人，这最终导致 1933 年希特勒能以多数选民的投票为基础上台。

不甘失败的德国老一辈军人扶植起新的纳粹势力

不过也有头脑清晰的人表现出忧虑。协约国军队统帅、法国元帅福煦就感慨道："我们没有赢得和平，只争取到 20 年休战。"果然，20 年后的 1939 年下一场世界大战就爆发了。

德国战败后能恢复元气再发动战争，是由于原来的工业体制并未受破坏，军国主义的头目威廉二世皇帝及其支持者未被清算审判，军官团还完整保留。后来的事实证明，正是靠一次大战中的德军头目和退位的皇室支持，以希特勒为首的纳粹党才能上台并挑起新的世界大战。

一次大战中德国的"军神"兴登堡元帅，战后仍主导国内政局，连任两届总统。退伍军人组成了一个准军事组织——"钢盔团"想重振雄风，竟有多达 450 万人参加，兴登堡又被推为这一右翼组织的首领。在"钢盔团"之外，一支新锐的右翼势力即纳粹党（"国家社会主义工人党"的简称）于 1919 年以后在社会上崛起。

德军在大战末期的实际指挥者鲁登道夫上将，后来被有些史学家称为"第一个纳粹"。他最早支持希特勒的活动，并同他于 1923

▲
1923 年，一战末期德军指挥者鲁登道夫
和希特勒（右）结成"上将与下士的联盟"，
在慕尼黑发动政变想建立法西斯政权。

▲
马肯森元帅（左二）积极支持希特勒，
参加大会时总站在他身边，不过还是
行传统军礼未行纳粹举手礼。

年在慕尼黑发起"啤酒馆暴动"，结成一个奇异的"上将与下士的
联盟"。暴动失败后，鲁登道夫看不起面对警察镇压而临阵逃走的
希特勒，不再参加纳粹党活动，不过他的军事思想特别是"总体战"
理论成为德国法西斯军事思想的基础。1935 年，希特勒还给这个寿
数将尽的鲁登道夫授予了元帅军衔。

　　一次大战的德军名将冯·马肯森元帅，也认为希特勒能重振德国，
在那个魔头上台时竟以 83 岁高龄参加了纳粹党！兴登堡元帅病死后，
马肯森作为"第二帝国"仅存的元帅，在重大政治活动中总是站在
希特勒身边为之助场。据称德军入侵波兰后任意滥杀的消息传来，
在家养老的马肯森曾写信劝告要注重军纪以维护声誉，不过他对发

动战争却表示拥护。

这些事实雄辩地说明，正是一次大战中的德国老牌军国主义者，栽培扶植起二次大战中德国的新军国主义者希特勒及其爪牙。

一次大战的头号战犯，自然是开启战端的德皇。《凡尔赛和约》把流亡

德国竞选时，一战时期的下士希特勒（左一）对老元帅兴登堡（右一）毕恭毕敬，随后他被担任总统的兴登堡任命为总理而掌实权。

荷兰的多伦宫是流亡的威廉二世皇帝的住所，居然还高悬第二帝国的国旗，公开显示想复辟的心态。

到荷兰的威廉二世定为战犯，要求进行审讯，却被荷兰女王数次拒绝引渡。究其原因，除了亲戚关系以外，很大程度上是因德皇在战时尊重了荷兰的中立。兴登堡元帅也宣布，自己愿意代替威廉二世上法庭，战胜国对此事也就不了了之。

久居荷兰"多伦宫"的威廉二世仍怀念失去的皇位，宣布"帝国不复辟就不回德国"。魏玛共和国时期经济困难，众多民众生活不如战前，一些人还怀念起"第二帝国"成为"保皇派"。1925年以后，皇太子威廉等都回到了德国，并在总统兴登堡等人帮助下收回了1918年革命中被没收的部分城堡和皇家庄园，希特勒更是对皇储等人采取拉拢政策。

1931 年纳粹党在德国选举中得票率大增时，威廉二世便称赞说："阿道夫·希特勒是一个极其强大的领导者，他一个人几乎集中了德意志民族所有的能量。"为支持希特勒竞选，他拿出了 200 万马克资助，还让皇储去助场。这对父子曾私下向纳粹党提出，

▲

1932 年德国大选时，希特勒同第二帝国的威廉皇储（右）结成搭档竞选总理、总统，这使国内保皇分子纷纷把票投给纳粹，使其成为得票最多的党。

如得势就实行复辟，希特勒曾含糊答应。由于德国历史上没有真正的民主改革，许多民众习惯崇拜皇权，不相信民主、自由和共和，再加上严重的经济危机出现，重建帝国的思想居然大有市场。

1932 年德国大选时，竟出现了一个令人惊愕的"皇储—希特勒"阵线。纳粹党提名已退位的威廉皇太子为总统候选人，并声称他当选后会任命希特勒为总理。此时德国还是属魏玛共和国，居然有过去的皇储来竞选总统，出现这种滑稽的场面还能称"共和国"吗？

在荷兰的威廉二世和现任总统兴登堡，都感到皇储参加总统竞选不妥，在最后关头劝阻他放弃。不过皇储加入纳粹党阵营，却让怀念"第二帝国"的保皇派右翼选民站到希特勒一边，大大增加了纳粹党的票仓，使其成为议会第一大党。

经这次大选，84 岁的兴登堡第二次当选总统，不过纳粹已有最多的选民和财团、国防军支持。1933 年 1 月，兴登堡在财团的压力和军官团赞同下，任命希特勒为总理，法西斯势力就此控制了德国。

1934年，早就因年老体衰不能理政的兴登堡总统病死，保皇党人最初认为希特勒会马上复辟霍亨索伦王朝即"第二帝国"，继续做总理或首相。纳粹政权却以提升军衔的许诺收买了兴登堡之子，让他公布一份父亲"遗嘱"声称交权给希特勒。知情者都了解那个老元帅一直想复辟"第二帝国"并迎回威廉二世，不大可能交权给他蔑称的那个"巴伐利亚下士"。希特勒却以所谓"遗嘱"为依据，把自己总理职务和继承的总统职务合并为"元首"。随后，他又恢复了帝国称号，却是"第三帝国"。

老皇帝威廉二世见"第二帝国"复辟的希望落空，对那个擅长搞政治欺骗的希特勒表达过不满，甚至讥讽那个当年的陆军下士是"暴发户"，也批评过屠杀驱逐犹太人的政策（其实他本人也采取过不许犹太人担任公职等措施）。希特勒为争取国内保皇势力，对此没有还嘴，还派纳粹二号头目戈林两次前去荷兰晋见老皇帝，最后达成协议——威廉二世不公开批评第三帝国和纳粹，希特勒每年向他提供优裕的生活费，并给国内的皇储等人以符合帝王生活的待遇。

后来据披露，流亡荷兰的威廉二世并没有安于养老，而是在住所"多伦宫"内建起作战沙盘，经常身穿军装同站在旁边的亲信一起模拟新战争。希特勒指挥德军大败英法联军时，威廉二世马上兴高采烈地发去贺电。此时的英国首相丘吉尔知道逊位的德皇对希特勒曾有非议，又同英皇之父是表兄弟，便痴心妄想地请他前往伦敦，以增加反纳粹的筹码。殊不知，威廉二世正期盼着看到德军实现自己横扫西欧的梦想，怎么可能去一直视为对手的英国？

1940 年 5 月，德军占领了荷兰，军官团对老皇帝还是毕恭毕敬，专门派来一支仪仗队到他所住的"多伦宫"前装点门面。希特勒却要求淡化对威廉二世的宣传报道，因为他认为自己"第三帝国"的业绩已远超"第二帝国"。

1941 年 6 月 5 日，威廉二世因肺栓塞病死，遗嘱是"不复辟就不回国安葬"。拒绝恢复其帝位的希特勒下令在荷兰举行了一个小型葬礼，有几百人出席，包括皇室直系亲属、一些"第三帝国"的新高官和"第二帝国"的老将，包括已经 92 岁的老元帅冯·马肯森。

▲
威廉二世于 1941 年在荷兰去世，92 岁的马肯森（中）作为唯一还在世的德意志第二帝国的元帅同纳粹军队代表一起出席了葬礼。

德国一位历史学家沃尔克·乌尔里希在 2008 年这样评价威廉二世："他不屑所有的平民，他蔑视斯拉夫人，他对犹太人十分仇恨，他幻想将德国发展成一个庞大的世界性强国，他采取激进的行为付诸他的行动和想法。所以他简直就是希特勒的前兆。"

这个评价完全正确，威廉二世是发动第一次世界大战的头号战犯，他称霸世界的野心恰恰被希特勒继承下来，在第二次世界大战中表现得更极端、更疯狂！

尾声

西方大战
唤起东方觉醒

▲
描绘巴黎和会的油画，这次和会上列强的分赃和中国的外交失败激发了中国的五四运动。

第一次世界大战主要战场在欧洲，但是全球共有 31 个国家宣布参战，参战国的 15 亿人口占当时世界人口的四分之三，等于把多数人类都拖入这场旨在征服、掠夺的不义之战。大战直接导致近 1000 万人死亡、2000 万人受伤，战时传染病导致的瘟疫和饥饿还夺去了数量远多于阵亡者的生命。据当年到法国勤工俭学的中国知识分子回忆，当他们来到过去"自由、平等、博爱"理念的发祥地，看到的却是残杀、掠夺和一片片废墟。这次战争结束时的巴黎和会上，参战国中国又受到屈辱对待，这又充分证明了"西方文明"并不是人类的榜样，列强控制的殖民地、半殖民地内就此出现了民族解放运动。这次大战期间苏维埃俄国诞生，而"十月革命一声炮响"，又唤醒了中国人民起来革命，人类历史的新纪元从此开始。

本国成他国战场，华人异域当炮灰而向往革命

国际资本主义在 19 世纪的全球性扩张，使世界连为一体，战场主要在欧洲的第一次世界大战也将东方的中国拖入其中。协约国、

同盟国这两大帝国主义阵营的交战中，中国这类半殖民地国家及众多的殖民地国家只能成为争夺的目标，陷入"人为刀俎，我为鱼肉"的可悲境地。

1914 年列强的大战展开时，中国人认为与己无关宣布中立，以袁世凯为首的北洋政府又提出他国不要在本国交战。一贯利用列强矛盾为自己谋利的日本却投入同盟国阵营，想趁火打劫抢夺德国在亚洲的殖民地为己有，对德宣战时在山东半岛登陆并攻下德军驻守的青岛，作为自己的占领地。看到十年前日俄两个强盗在中华土地上争夺的一幕又重演，有血性的中国人无不痛心疾首，对忍让而不敢制止的北洋政府也充满怒火。

1917 年 8 月，中国的北洋军阀政府对德国和奥匈帝国宣战。这时国内南北两个政府对峙，各省军阀割据，根本没有能力派兵到遥远的欧洲，便实行"以工代兵"的政策。此前因法国人力不足，来华招募了 14 万劳工，并鼓励中国学生前去勤工俭学。周恩来后来就说过："一战华工来法，系后来勤工俭学之前奏。"有这样一个机会，大批家境较差的中国人能走出国门到欧洲就学。当时毛泽东在湖南就组织了赴法勤工俭学，自己虽因事未去，他的好朋友蔡和森等人却因此前往。周恩来、邓小平等不少后来党和国家的领导人就是在这个时期走出了国门。

北洋军阀政府对德奥宣战后，实行"以工代兵"政策，允许在法国的华工参加战勤。他们挖战壕、运弹药，流汗流血，在战争中死亡 3000 人，成为中国对协约国的贡献。在列强眼中，这些华工却

▲
华工在法国前线受
英军监督劳动的历
史照片。

只是苦力，根本享受不到战士待遇，轻视东方民族的西方媒体对其作用也以选择性失明而几乎不提。赴法华工在战后除少数人同法国妇女结婚（当时法国男人大量死亡导致性别比例失调）而留居当地，其余都被简单地解雇遣返，回国后昏聩颟顸的政府又对他们不闻不问。到过欧洲战场的华工返国后因缺乏文化知识，没有能够传播新思想。

第一次世界大战中华工的可悲遭遇，正是积贫积弱的旧中国国际地位低下的体现。战争结束后，法国几百万军人复员，各工厂认为使用半工半学的外籍人也会影响本国人就业。1921年以后，法国政府竟陆续把勤工俭学的中国学生遣返。尽管赴法的中国人受到西洋人的傲慢对待，不过他们开眼看到了世界先进的生产方式，看到了当年资本主义社会的弊病，回国"唤起工农千百万"掀起反帝反封建的革命大潮也就成了必然。

沙皇俄国参战后，因男性大量服役而感劳力不足，1915年以后到中国北方大量招工。至1917年春天，在俄国欧洲部分已有华工20万人以上，若加上远东地区则超过40万人。招募时俄方及其代理人哄骗中国穷苦人说："到那里吃白馒头、穿皮毛、一个月60羌帖（指卢布，当时1卢布合1块银元）。"他们到俄国后才知道，自己成了没有自由的"黄皮奴隶",经常每天劳动 12 个小时,日工资大都不到 1 卢布,甚至只有 50 戈比,只及俄国工人的一半。沙俄当局还厚颜无耻地说:"根据对黄种人劳动价值法定观点看来,这种工资应当认为是相当高了!"1917 年初的卢布同战前相比,又贬值了一半。华工经常受雇主和俄军打骂,同他们一起干活的德奥战俘自恃是白种人也敢欺负他们,俄国监工对此还听之任之。

沙俄当局招募华工时曾许诺不让其参战,结果根本不守诺言,让许多人去前线挖战壕、扛弹药,出现不少伤亡还没有抚恤。这些苦难的中国人求诉无门时,1917 年突然听到刚建立的苏维埃政权宣布"俄罗斯境内各民族一律平等""劳动者同工一律同酬"的宣言,第一次感到自己受到"人"的对待,他们普遍拥护布尔什维克打倒资本家和地主的主张。

▼
在俄受尽压迫的华工大批参加苏俄红军的历史照片。

十月革命后俄国内战爆发,中俄交通断绝回国无路,许多路矿和工厂的华工几乎集体参加了红军和赤卫队。据后来苏联的调查,内战时参加红军最多的外籍人就是华工,部队内中国战士最多时有 5 万人(若算上损耗补充和参战游击队者则在 10 万人以上)。在苏联时代风靡的小说《钢铁是怎样炼成的》一书中,

▶
中国版画《列宁和中国志愿军战士》。

▶
苏联宣传和号召中国人参加革命的画作。

主人公保尔看到冲进自己镇子的第一个红军战士，便是个挥着手榴弹的"英勇的中国人"。

苏俄领导人认为红军内的中国战士特别忠诚勇敢，是因为他们在当地没有社会关系，不信东正教又受旧俄势力仇视，不会投敌和开小差。列宁身边200人的警卫队中，就有70个中国人。在莫斯科红场红墙边的名人墓碑中，有两块只刻着"张""王"两个姓的碑，就是1918年十月革命节时列宁为阵亡战士碑揭幕时专门所建，选择的正是中国的两大姓，以此纪念华籍的苏俄红军烈士。

赴俄华工踊跃参加红军，是深受压迫时本能地追求解放，不过他们大都没有文化，很少有能够传播理论的人才。历史档案证明，1920年7月俄共（布）曾批准建立了"俄国共产华员局"，设想以参加过红军的华工组建一支武装返回中国同孙中山一起实行反北洋军阀的"西北计划"。这些规划最后被苏方认为不可行而放弃,华工除少数留苏入籍外,都以个人身份返乡。历史证明,若组织华人在异国建党建军,会完全脱离中国实际,本民族也不会乐于接受。旅俄回国的杨明斋、刘泽荣等人曾为联络中国革命知识分子建立共产党做出过贡献,也介绍过俄国革命的思想,不过中国共产党还是由陈独秀、李大钊和毛泽东这些立足于中国国情的人发起创建,那才是唯一正确的道路。

▼
苏俄红军第三军第二二五团全部由华工组成,1908年就加入布尔什维克的任辅臣任团长(二排右三),他于1918年牺牲并受到列宁悼念。

大战暴露西方弊病，国人探索救亡新路

　　第一次世界大战爆发前，西方各国和东方接触新事物的知识分子都普遍认为，欧美资本主义的文明是人类最先进的思想成果。通过列强相互厮杀的惨痛事实，人们看到的是这些国家多数青壮年男子充当炮灰，只有少数财团获利，最后还引发了俄国、德国的士兵反对本国政府的起义。西方模式开始受到各国民众质疑，社会主义思想在各国得到广泛传播，众多先进的知识分子认同了马克思列宁主义，苏俄倡导的世界革命得到了中国人的响应。

　　大战的最后一年即1918年，俄国社会民主工党的多数派即"布尔什维克"正式改党名为"共产党"。1919年，世界性共产主义组织共产国际在莫斯科建立，帮助包括中国在内的各国共产主义者建党，在短短两三年内全球就有几十个国家建立了共产党。

　　自1840年鸦片战争之后，中国沦入了"长夜难明赤县天"的半殖民地半封建社会的黑暗深渊。为挽救民族危亡，出现了戊

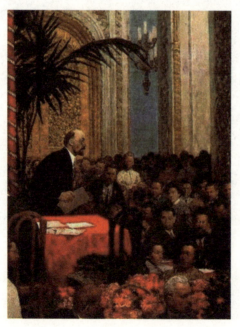

苏联油画《共产国际大会》，描绘了列宁领导建立了这一国际组织，中国共产党二大正式决定加入共产国际。

戍变法和反清革命。不过领导变法、革命的人都是以当时侵略自己的西方列强和日本作为榜样，出国留学者赴日本为最多（旅费和生活费便宜也是重要原因），其余也是选择美国和西欧。对北方的强邻俄国，中国人大都认为其野蛮黑暗，虽有畏惧感却没有什么人愿意向它学习。

当时国人视为老师的欧美和日本，却一直欺负中国这个学生，而且他们丑陋的

一面在第一次世界大战中暴露无余。日本在第一次世界大战中投机取巧成为暴发户，国民产值在四年间翻了一番并就此挤进工业国之列，还利用英法俄无暇东顾加紧侵华。日本继1914年派兵侵占青岛后，又在1915年5月7日向北洋军阀政府提出要完全奴役中国的"二十一条"，中华民族的抗日风潮就此开始掀起。当时正在长沙第一师范读书的毛泽东，过去曾对日本充满敬佩，离乡时留给父亲的告别诗也是抄录自明治维新的志士西乡隆盛。在"二十一条"激起国内学运风潮后，青年毛泽东随即写下《明耻篇》——"五月七日，民国奇耻；何以报仇？在我学子！"

第一次世界大战期间，欧洲国家陷入大战，几乎没有什么商品进入中国市场，还向中国发来了不少订单，这为中国民族工商业发展提供了罕有的机遇。从1914年至1919年，国内工业产值增长了一倍多，发展速度和规模都超过了此前20年的水平。若不是日本、美国乘虚对华加紧经济扩张，中国民族工业还会有更大的增长。大战期间，中国产业工人数量也增加了一倍，这又为后来诞生的中国共产党和开展工人运动创造了条件。

大战期间中国民族工商业的大发展，促进了思想文化界的活跃，传播新思想的杂志、书报如雨后春笋般在各城市出现。1915年陈独秀主办的《新青年》杂志在上海问世，成为唤醒当时进步青年的号角。1917年蔡元培主持北京大学后，允许包括马克思主义在内的各种学派在校内自由宣讲，"南陈（独秀）北李（大钊）"就此在北大教育出中国第一批共产主义者。

1918年，毛泽东从长沙来到北京大学，担任了图书管理员，在这座校园内学到了马克思主义。当时国内各种社团如"少年中国学会"（毛泽东也是会员）、觉悟社、人道社也展开了内部大争论，对如何"改造中国与世界"提出了不同的道路。

▼
中国油画《南陈北李》，表现了五四运动后陈独秀（右）和李大钊（左）相约建党的情景。作者陈坚。

从 20 世纪人类历史的进程看，第一次世界大战的战场主要在欧洲、小亚细亚地区，却对东方产生了最大和最深远的影响。西方人眼中的东方人——俄国人在战争中推翻帝制并进行了震惊世界的革命；亚洲民族解放运动在印度、朝鲜等地掀起了大潮；先进的中国人也就此改变了以欧美和日本为师的做法，"以俄为师"开始了将旧民主主义革命向新民主主义革命转变。

战胜国照样受宰割，天安门学子发吼声

近代有一句名言：弱国无外交。同样，弱国即使进入战胜国阵营，同样没有发言权。第一次世界大战以德国投降而结束，中国因加入协约国一方而得到"战胜国"地位，本国权益在战争结束的巴黎和会上仍被其他战胜国瓜分，这一民族屈辱成为五四运动的直接导火索。

◀
参加巴黎和会的各国代表合影，二排右四为中国代表顾维钧，他被列强视为二等代表，对重大问题根本没有发言权。

1919 年 1 月，主要战胜国英国、法国和美国主持召开了巴黎和会，中国作为战胜国中的一员出席了这次国际会议。北京政府的代表一到巴黎，受到的便是"二等代表"的对待，强国首脑对他们近乎不理不睬。这次战胜国分赃和处置战败国的会议，却大大刺激了中国人。

尽管北洋政府宣战而未派兵，毕竟有众多华工到战场参加了战勤工作，其中战死的人数相当于同为战胜国的日本死亡人数的 10 倍。中国既然得到战胜国的地位，自然要索回战败国过去侵占自己的权益，那就是 19 世纪末德国以武力侵夺的青岛和胶济铁路。1914 年日本以对德作战需要为借口，把德国割去的这块肥肉吞到自己嘴里，对德战争结束后理应归还，这也是战胜国应享有的最起码回报。

中国代表在和会发言时力争要索回山东权益，日本却要据为己有作为参战的报酬，英法则要遵守在战时同日本达成的转让交易。美国出于同日本争夺太平洋的矛盾，在青岛问题上一度态度暧昧，却并未为中国争权益，而是以此对日谈交易。和会上拟定的和约，还是同意了日本的要求，中国的外交努力归于失败。

1919 年 5 月 3 日正是星期六，这天傍晚北京各学校学生宣布放假时，突然传来中国在巴黎外交失败的消息。北京大学的学生连夜开会，组织请愿示威。5 月 4 日中午，北京各校 3000 余名学生涌到了天安门广场。他们先发表了"外争国权，内惩国贼"的讲演，一些人又到中南海向"徐世昌大总统"请愿，却受到警察拦阻。学生游行队伍又向东折进东交民巷，向美国公使馆递交陈词，队伍中还有人高呼"威尔逊大总统万岁"！

此时中国知识界许多人接受"民主""科学"的理念，是以美
国为理想楷模。其实，这时美国政府已同日本在太平洋利益上达成
妥协，这种态度正反映出美国对外政策的两面性和双重标准——一面
标榜"自由""民主"和"公正"，一面同黑暗和侵略势力勾结以
维护自身利益，中国人想依赖美国从来都会希望落空甚至受到耍弄。

这一天到美国公使馆请愿的学生，得到的回答是公使不在。吃
了闭门羹后，一些人气愤之下又冲到前外长曹汝霖在城东赵家楼的
住宅，大骂此人卖国的同时又放了一把火。

在战后决定世界格局的巴黎和会上，主要战胜国欺凌也有战胜
者资格的中国，中方代表最后只好拒绝在《凡尔赛和约》上签字。
此后帝国主义在华特权继续保留，中华民族悲惨的处境依然如故，
灾难深重的中国人对西方失望之际却从俄国那里看到了希望。

▲
中国油画《五四运
动》。作者周令钊。

从 1919 年起，苏俄政府连续发表对华宣言，声明废除同中国签订的不平等条约，放弃俄国在华特权、租界和"庚子赔款"的俄国部分，并一度表示愿意归还沙俄掠取的中国领土，还号召中国反抗日本和西方列强的压迫。当时列宁领导的苏维埃俄国把推动世界革命的重点放到中国，从其当时的处境而言，也是想以此帮助自己打破孤立状态。

"北方吹来十月的风，惊醒了我们苦弟兄。"自鸦片战争以来，中国人同外国打交道总是割地、赔款、出让权益，突然有一个大国表示愿意还地、放弃赔款、归还权益，真是做梦也想不到！国内各进步团体、非官方报刊的评论一时大都盛赞"苏俄的工人、农民和赤卫军，是世界上最可亲爱的人类"，中国国民党的领袖孙中山也宣布要"以俄为师"。

苏俄领导人废除了在华特权，这在中国引发了对苏俄的空前好感。有理性的国人在进一步思考后感到，过去长于暴力的俄国人此举并非来自慈善心，而是出于一种新的理念，那就是此刻先进的中国知识分子极感兴趣的思想——马克思列宁主义，"崇尚苏俄、师从马列"一时成为先进国人的追求。毛泽东从北京大学回到长沙后，就组建了"俄罗斯研究会"，为湖南建党奠定了思想基础。

在第一次世界大战结束后的 1919 年，中国掀起了引发思想解放的五四运动，随之开始了共产主义组织的创建，1921 年又正式成立了中国共产党。建党后不久，赴法国勤工俭学的知识分子周恩来、蔡和森、向警予、邓小平、李立三、陈毅、聂荣臻、李维汉等人也陆续返国，成为传播革命理论和加强党的建设的又一批重要骨干，古老的神州从此走向了新生。

世界上帝国主义列强的矛盾引发了第一次世界大战，大战的结果却没有解决这一矛盾，甚至酿成新的冲突之源。战败的德国一心复仇，战胜国中的日本、意大利因自感得到的赃物太少也想以武力重新瓜分，这三家很快走上法西斯主义的道路，后来就勾结起来进行"续战"——第二次世界大战。

回顾 20 世纪上半叶的世界史进程，战争和革命是主旋律，两次世界大战造成了人类的惨剧，却也引发了国际范围的革命。历史证明，灾祸往往会转化为机遇，关键又在于有觉悟的人们是否能将其抓住。世界大潮，浩浩荡荡；顺之者昌，逆之者亡。中国在人类进入现代化社会时曾因封闭和专制主义束缚而一度落伍，在清末和民国年间陷入受列强宰割的苦难深渊，不过列强之间的矛盾及其激化，也为中国改变自身的命运并奋发崛起提供了一个机会。帝国主义矛盾激化引发的第一次世界大战，正好引发了东方被压迫民族解放的浪潮，中国第一代共产主义者正是在这一大潮中成长起来，从此使古老的中华焕发了生机，势不可当地走上了解放和复兴之路。